本书为山东省人文社会科学课题：思政育人视域下大学英语课堂生态重构研究（项目批准号：2021-JCWX-05）成果

课程思政视域下大学英语课堂生态重构研究

肖建平　著

中国海洋大学出版社

· 青岛 ·

图书在版编目(CIP)数据

课程思政视域下大学英语课堂生态重构研究 / 肖建平著 . -- 青岛:中国海洋大学出版社,2024.7.

ISBN 978-7-5670-3887-5

Ⅰ. H319. 3

中国国家版本馆 CIP 数据核字第 2024652SQ6 号

出版发行	中国海洋大学出版社	
社　　址	青岛市香港东路 23 号	邮政编码　266071
出版人	刘文菁	
网　　址	http://pub.ouc.edu.cn	
订购电话	0532-82032573(传真)	
责任编辑	邵成军　张瑞丽	电　　话　0532-85902533
印　　制	青岛国彩印刷股份有限公司	
版　　次	2024 年 7 月第 1 版	
印　　次	2024 年 7 月第 1 次印刷	
成品尺寸	170 mm×230 mm	
印　　张	12.25	
字　　数	185 千	
印　　数	1—1 000	
定　　价	89.00 元	

发现印装质量问题,请致电 0532-58700166,由印刷厂负责调换。

目 录
CONTENTS

第一章
绪 论

第一节　研究缘起

　　大学英语作为高校的一门公共基础教学课程,其承载的思想政治教育功能正在以前所未有的广度和深度得以挖掘和呈现。大学英语被赋予的课程思政需求为推动大学英语教育教学改革提供了更加丰富的手段和内涵。从大学英语课堂生态的角度来审视大学英语的思想政治教育功能,为大学英语课程思政研究提供了新的理论和实践维度,这是一个值得认真思考的课题。在本研究中,笔者认为,"课程思政"与"思政育人"两个概念在本质上是统一的,统一在大学英语课程所肩负的育人使命中,统一在大学英语课程实践中。所以,本书对"课程思政"与"思政育人"在不同的场景中均有所涉及,但二者本义是一致的。

一、融入思想政治教育大环境的客观要求

　　高校思想政治教育以落实"立德树人"根本任务为牵引,不断适应高等教育改革发展的新形势。面对当前高等教育发展的新任务,高校思想政治教育要

坚持以习近平新时代中国特色社会主义思想为指导,深入学习贯彻习近平总书记关于教育的重要论述和考察高校系列重要讲话、重要致信回信精神等内容,不断探索新的路径和方法,特别是要善于运用习近平总书记关于思想政治教育的世界观和方法论,推动思想政治教育改革创新。在习近平总书记系列思想中,习近平关于生态文明建设的思想为高校思想政治教育提供了新的理论遵循,值得每位思想政治教育工作者深入思考。

习近平总书记指出,"党的十八大以来,我们把生态文明建设作为统筹推进'五位一体'总体布局和协调推进'四个全面'战略布局的重要内容,开展一系列根本性、开创性、长远性工作,提出一系列新理念新思想新战略,生态文明理念日益深入人心""只有更好平衡人与自然的关系,维护生态系统平衡,才能守护人类健康。要深化对人与自然生命共同体的规律性认识,全面加快生态文明建设。生态文明这个旗帜必须高扬"(中共中央党史和文献研究院、中央学习贯彻习近平新时代中国特色社会主义思想主题教育领导小组办公室,2023:373)。习近平总书记关于生态文明建设的重要思想为社会主义生态文明建设指明了方向,提供了根本遵循。社会主义一系列生态文明实践深刻影响着思想政治教育环境,现代思想政治教育的生态化发展方向成为不可避免的时代潮流。

一系列成功的生态文明实践实现了环境系统和社会环境的有机融合和系统优化,社会环境系统的优化完善为开展思想政治教育提供了新的物质载体和良好的宏观社会环境,也催生了学者们对思想政治教育的新认知。从生态文明的视角来审视当前的高校思想政治工作,一些困扰思想政治教育效果提升的问题都可以归结到思想政治教育生态环境的紊乱和生态失衡,将这些问题放到生态系统运行中进行认识,无疑为我们研究和探讨思想政治教育的有效性提供了新启发。具体来说,从教育理念来看,思想政治教育要把生态文明观教育既作为丰富思想政治教育的重要内容,又要作为重要的工作方法,坚持内容与形式的有机统一;从思想政治教育功能视角看,思想政治教育主要是通过对人的思想进行影响和改造,从而达到教育的目的;从自然环境看,在面对生态危机或者生态不和谐局面时,思想政治教育就要帮助人们纠正关于人与自然关系上的不正确认识,从而让人们树立正确的生态观、正确处理人与自然的关系等。从高校思想政治教育的微观环境看,影响和制约思想政治教育的非生态因素是生态文明视域下思想政治教育所要改造和祛除的不利因素,通过改造这些不利因素加深和优化思想政治教育的正面育人效果;从思想政治教育的影响方式来看,受教育者只有在现实生活中接受教育,才能实现教育行为与目的的和谐统一。社会主义生态文明的到来和兴起,促进了思想政治教育生态化的转向,生态化成为思想政治教育实践的一项重要内容。思想政治教育生态化,就是要通过提升大学生的生态意识来改进和提升大学生的思想观念。落脚到实际行动上,就是要确立以人为本的理念,探索新型的大学生思想政治教育实践载体。大学英语作为高校基础课程体系的重要课程,在生态文明兴起的社会大环境下,无论是大学英语课程改革,还是大学英语课程思政建设,在内容、形式上都会与社会主义生态文明、人类生态文明等话题产生千丝万缕的联系。在这种形势下,一方面,大学英语课程改革要主动吸收和吸纳社会主义生态文明观的理念;另一方面,要主动适应和融入大学生思想政治教育生态环境正在发生着的变化。随着时间的推移,这种变化正是思想政治教育生态化在课程思政改革中的体现和反映。

二、大学英语课程思政改革的新要义、新担当

2020年5月,教育部印发了《高等学校课程思政建设指导纲要》(以下简称《纲要》),对高校课程思政建设提出了纲要性指导意见,尤其是针对公共基础课程提出了"坚定学生理想信念、厚植爱国主义情怀、加强品德修养、增长知识见识、培养奋斗精神"的要求。《纲要》的颁布标志着大学英语的学科定位发生了转化,大学英语教育教学改革的方向进一步明确。2020年11月,教育部在威海发布《新文科建设宣言》,对新时代加强新文科建设作出系统性安排。大学英语教学被赋予了更鲜明的时代价值和更崇高的使命担当,必须从目标定位、资源配置、教学创新和评价改革等方面积极作为。

大学英语课程思政改革要把握新要义。新要义的核心就是"立德树人"。高校坚持把"立德树人"作为根本任务,把思想政治工作贯穿教育教学全过程,

实现全过程育人、全方位育人。大学英语作为一门通识性课程,具有开展思想政治教育的课程资源,应该主动担起"立德树人"的教育使命。要落实好课程育人的要求,就要做到以下几点。一是要站稳政治立场。立场是决定观点、方法等其他一切问题的前提。在课程思政背景下搞好大学英语教学,首先要解决好立场问题。最根本的就是要坚持以习近平新时代中国特色社会主义思想为指导,学会运用马克思主义的立场、观点和方法来指导大学英语教学,引领大学英语教学改革,这是保证发挥大学英语课程思政育人功能的根本要求。二是要处理好"两对"关系。首先要处理好"主渠道"和"责任田"的关系。按照"思想政治理论课要坚持在改进中加强,提升思想政治教育亲和力和针对性,满足学生成长发展的需求和期待,其他各门课都要守好一段渠、种好责任田,使各类课程与思想政治理论课同向同行,形成协同效应"的要求,大学英语作为高校综合课程体系的基础性课程,应该与思想政治理论课同向同行,形成协同效应,始终服务"立德树人"这一根本任务。其次,要处理好"普遍性"和"特殊性"的关系。"普遍性"是指大学英语具有基础性课程的一般性教学规律和特点,属于通识性课程范畴。"特殊性"是针对社会主义大学的办学定位要求和学科特点而言的。大学英语也是把"双刃剑",一方面,大学英语学习有利于扩大青年学生对西方社会的文化、历史、社会等综合情况的认识和了解,对培养学生跨文化交际能力、加强国际交流与合作能起到积极的促进作用;另一方面,青年学生正处于人生观、世界观和价值观的重要成型期,如果缺乏正确引导,学生在接触西方文化时可能受到不良现象和思想的影响,进而产生负面反应。正确把握"普遍性"和"特殊性"关系,归结到一点,就是大学英语教学的中心目标必须聚焦到"立德树人"这条主线上来,引导学生树立社会主义核心价值观。

大学英语课程思政建设要体现新担当。所谓"新担当"就是要勇于直面大学英语课程思政建设的新形势与新任务,着力深化课程思政建设的效果。大学英语作为高校基础教学的重要组成部分,具有授课周期长、课时总量多、覆盖面广等特点,具有开展课程思政建设的必要土壤。将思想政治教育融入、渗透到大学英语课程教学中,一方面能丰富和拓展大学英语课程教学内容,另一方面又能赋予传统的大学英语教学思想政治教育新鲜活力。因此,要充分认识大学英语课程思政所承载的育人价值使命,促进学生的学习目标从"简单了解世界"到"增强文化自信"和"向世界传播中华优秀传统文化"进行转变。

三、大学英语课程思政建设存在的问题

自 2014 年"课程思政"这个概念产生后,广大大学英语教育工作者从大学英语学科属性定位出发,不断挖掘这门课程所蕴含的思想政治教育元素,竭力提升大学英语课程思政的育人效果,大学英语的课程思政功能得以不断强化,育人效果不断提升。总体来看,大学英语课程思政建设走上了快车道。但由于大学英语课程思政建设开启时间相对较晚,仍然属于一个新事物,而且大学英语又具有鲜明的学科特点和自身属性,两者在融合过程中也遇到了一些亟待解决的问题。

(一)工作机制不健全

在课程思政建设的大背景下,不少高校都围绕抓好课程思政建设制定了具体工作方案,但具体到大学英语这门课程来看,系统支撑大学英语课程思政建设的体制机制还不够健全。一是运行保障机制不完善。完整的课程思政体系需要制度、队伍、经费投入等系列的综合支持。目前,不少高校的大学英语课程思政建设支撑体系比较松散,没有形成系统的支撑体系。有的侧重于制定出台制度,但制度落实得不好;有的侧重于培养少数英语课程思政教师,但尚不能形成规模;还有的投入了不少经费,但产出的实际效果不佳。二是考核评价机制流于形式。有效的考核评价体系是指挥棒和风向标。大学英语课程思政是一种基于教师与学生的双向思政交流活动,对教师的教学要从思政元素挖掘、课堂知识传授、课后总结提升等方面进行综合考核评价,对学生更应该通过布置作业、开展测试等方式开展及时评价。只有将教师的"教"与学生的"学"用考核评价这个"有机链"衔接起来,大学英语课程思政的评价才不会流于形式。

(二)教师队伍建设有短板

教师是开展好课程思政建设的首要资源,属于开展课程思政的"动力源"。随着课程思政建设的普及和推广,课程思政的理念逐步被广大英语教师所接受,但由于大学英语这门学科的特点,如何将这种理念体现到实际教学中仍然

困扰着不少大学英语教师。大学英语教师驾驭课程思政的能力总体看还偏低。一是大学英语课程思政的意识薄弱。在不少大学英语教师眼里，课程思政是一项"提起来重要、落实起来次要、忙起来不要"的事情。与传统的课堂教学相比，课程思政还缺乏有效的考核评价手段。这部分教师在教学中往往还是满足于把课程内容授完，课程思政的效果能实现多少并不是他们关注的重点。二是将课程思政与大学英语课堂讲授融合起来的能力不足。不少大学英语教师系统接受过英语学科教育，对西方地理、人文、社会文化等了解较多，但驾驭思想政治教育的能力与思政课教师相比还存在不小的差距。从大学英语教材中挖掘丰富的思想政治教育资源，并将这些资源与大学英语课堂教学内容有效地有机融合起来，并不是每位大学英语教师都能轻松驾驭的。这样一来，一方面，部分英语教师课程思政的意识不强，另一方面，部分教师组织和开展英语课程思政教学的能力不足。这两个因素一定程度上制约了大学英语课程思政队伍建设的成效。

（三）学生认识误区

在当今的大学校园内，受到网络、新媒体等因素的影响，学生思想政治教育工作面临空前的机遇和挑战。机遇在于学生接受教育的方式更加方便和快捷，挑战在于接收的信息鱼目混珠，传统思想政治教育空间受到排挤。在这种形势下，不少学生认为大学英语就是一门基础性课程，他们的目标是通过考试从而拿到学分，鲜有学生将大学英语与课程思政考虑到一起。基于这样的心理，即便是教师准备了充分的英语课程思政教学方案，也不见得能迅速被学生理解和接受，大学英语课程育人的效果自然就打了折扣。学生对课程思政认识的局限性还体现在考核评价的缺失。在传统的以"分数"为评价维度的课堂评价指标中，通过什么样的指标来衡量和评价学生思政教育效果还处于不断摸索中，这种缺失加深了学生的认知偏见，造成了学生对大学英语课程思政理解的片面性。

四、生态学提供了新视角、新思路和新方法

如前所述，工作机制的缺失、教师队伍建设当前存在的短板以及学生认识

层面的误区这三个因素互相交织,给大学英语课程思政建设带来了现实困难。从哲学观点来看,"课程思政"作为一个新鲜事物,其产生、运行必然有其自身的内在规律性,其良性健康运转必然需要依赖稳定的运行系统。要深入探知大学英语课程思政的运行模式和规律性特征,就需要我们不断创新思维模式,尝试从不同的理论视角来探究大学英语课程思政的运行规律和特点。

生态学作为一门研究有机体与环境之间相互关系及其作用机理的科学,最早萌芽于人们对自然现象的观察和认知,在古希腊文明中有记载;生态学的创建和发展主要集中在 17 世纪初到 20 世纪 50 年代,生物群落、生态链、食物链等概念都是在这个时期被提出来的,这标志着生态学作为学科属性日趋成熟,其独立学科的地位初步得到确立;20 世纪 50 年代以后,生态学吸收了系统论、控制学科和信息学科等其他学科方法,使其发展成为生态学及相关学科最有价值的理论之一。生态系统是生态学的一个基本单位,它是指在一定的空间内由生物群落和非生物环境共同构成的一个自然系统,具有自然性、结构性、整体性、协调性、系统性、动态性、平衡性和开放性等特征。

大学英语课程思政以"立德树人"为根本价值使命。自 2014 年全国课程思政建设启动以来,大学英语课程思政建设在得到强化的同时,也遭遇了推进"瓶颈",这些暴露出来的问题也必须得到呼应和解决。生态学中有关整体论、系统论等方法和理论有助于理顺大学英语课程思政建设的运行机制,帮助解决学生、教师之间的运行问题,构建一个由教师、学生、运行环境等组成的微观生态系统,并促使这个系统在长期的教学实践中得到磨合,逐步达到一种相对平衡的状态,更好地实现大学英语课程育人目标。生态学中的教育生态学为研究课程思政视角下的大学英语课堂生态再平衡问题提供了有效的方法和理论。

第二节 研究意义

从生态学视角来审视大学英语课程思政的相关问题,能更系统地认识当前大学英语课程思政建设中面临的困境,无论是在理论层面还是在现实层面,都是一个值得认真思考和研究的时代课题。

一、理论意义

生态学从系统内部介入,对大学英语课堂教学生态系统的各个环节开展整体性研究,运用生态学的基本理论和观点来阐释生态课堂各个环节之间的关系,探究各个构成要素的交互特点。这种分析和处理问题的方式,为全面认识大学英语课堂教学提供了全新的方法论,有利于在理论研究上实现转化。

(一) 有利于促进从局部性研究向整体性研究转化

系统观念是生态学所运用的重要方法论,它强调的是系统思维,从系统观点出发,在教师与学生、学生与课堂环境、环境与信息技术手段等各个要素之间揭示大学英语课程思政的系统性质及其发展变化规律。汉斯·萨克塞(1991)强调,生态学是研究关联的学说,采用生态学的考察方式是科学研究很大的进步,它克服了从个体出发的、孤立的思考方法,认识到一切有生命的物体都是某个整体的一部分。用系统的方法论来看待大学英语课堂教学这个过程,有利于跳出从学生或者教师等某一个单独点位来看待分析问题的怪圈,将大学英语课堂教学所涉及的各个子元素放回整体教学系统中审视,有利于克服从点到点的狭隘方法论。在这种逻辑的指引下,要探究"课程思政"这个点如何在大学英语课堂生态系统中实现,就必须突破传统思维模式,着力从课程思政的"某个点"向"某个面"转化,以点带面,点面结合,进而形成系统的研究方法。

(二) 有利于促进从静态化研究向动态化研究转化

从研究现状看,对大学英语教学的研究时常采用横纵向对比等方式来进行,但对教学过程中各个要素的分析和把握,要么过于简单,要么过于机械教条,往往带有"应然"的趋向。所以,这种相对静态的研究对大学英语教学过程的内在有机性缺乏准确的掌握,无法实现从教学过程系统内部发现和解决问题的目标,自然也就不好揭示这一教学过程中所蕴含的有机规律性特征,必然会弱化大学英语课程思政的实效性。生态学理论强调运用普遍联系和系统的方法思维。在生态学看来,大学英语教学生态系统的各个组成部分、系统运行所依赖的综合环境的每个方面组成一个普遍联系的有机体,而不是机械地将教学过程相关要素集合、累加。从这个有机体内部联系和规律出发,把握大学英语课堂教学的发展变化,能避免传统研究方式的片面性和局限性,从而实现研究从静态向动态转化,形成系统融合思维。

(三) 有利于促进从封闭性研究向开放性研究转化

一般来说,系统的封闭性体现在与外部环境之间联系的缺失,致使系统组成要素之间互相影响和作用功能减弱。开放性系统恰恰相反,它倡导的是系统与外部环境之间互相影响和作用,系统在受环境影响的同时,环境也受到系统的反作用,它们之间能进行交流。从生态学的角度看,大学英语教学过程就是一个开放的系统,包括作为教学主体的英语教师,作为教学对象的学生个体,以及作为教学客体的教学方式、手段等外部环境系统。站在开放系统的视角,从大学英语教学过程的组织运行来洞察大学英语的课程思政目标,能从更深层次来把握大学英语课程思政的规律性特征,这相比单纯从教学论教学、从育人论育人等单视角,更能拓展大学英语课程思政的理论研究深度和广度。

二、现实价值

在运用生态学对大学英语教学进行改革的重要理论意义探讨的基础上,理论工作者除了注重理论研究的意义外,更重要的是要促进理论与实践的结合,充分思考它对大学英语教学改革尤其是优化大学英语课堂教学生态方面的实践价值。

(一) 为大学英语课程思政改革创新提供了新的方法路径

在很长的一段时间内,广大理论研究者往往拘泥于通过大学英语课程教学的某个单元或者点位来寻找课程思政改革的创新路径。这种情况下得出的结论往往带有一定的局限性和片面性,不能从大学英语课堂生态系统的全链条角度来寻找创新突破之处。生态学特别是教育生态学的出现为大学英语思政创新提供了新的可能,即通过研究大学英语课堂的生态化运转,从更全面、更系统的角度来寻求改革突破支撑,将大学英语课堂教学过程视为一个生态有机体,置于特定的生态环境中进行观察或者实验,对大学英语教学课程的结构和环境因素进行分析。从这个层面看,生态学是一种有效的研究方法,在具体操作上,它更注重的是一种综合方法的运用,是一种跨学科的学科整合思维模式。

(二) 有助于构建和谐融洽的师生关系,提升大学英语课程思政效果

教育生态学的"限制因子定律""花盆效应""生态链法则"等理论对于改进大学英语课堂教学组织方式提供了有效的方法。比如,生态学上讲的"限制因子"指"当生态因素处于缺乏,低于临界线,或超过最大忍受度的情况下,就起到限制因子的作用,这种限制因子能制约有机体的新陈代谢"(吴鼎福,诸文蔚,2000:8)。在大学英语教学这个生态链条中,所有的生态因子都有可能转化为限制因子,进而影响生态链条的正常运行。大学英语教师应该在课堂教学中注意观察和研究影响学生教育的限制因子,根据学生表现出来的限制性因素,因材施教,准确把握课堂教学的"量"和"度",使得量度协调统一,确保学生们身上的这些限制性因素能及时得到关注,从而最大限度地调动学生的积极性和能动性,营造融洽的课堂生态关系。

(三) 有助于做好大学英语生态教学的顶层设计

顶层设计关系着大学英语课堂生态系统运行的稳定性,具有长期性影响,缺乏顶层指引的大学英语课堂生态系统会走向紊乱,其运行也充满矛盾点。从生态学的观点看,大学英课堂教学作为一种微观的教学生态系统,只有教学系统内各因子保持相对的生态平衡,才能达到最佳的教育效果。从大学英语教学全过程看,这条生态链上聚集了教学目标、教学大纲、教学内容、教学评价等诸多生态因子。各个因子互相影响、彼此依存,任何一个教学生态环节出现问题,都势必给整个教学生态系统带来不利影响。从这点看,一个运行协调的大学英语教学生态系统,必然包含教学目标确立、教学内容设计、教学环境营造、教学氛围创设、教学效果评价等基本教学因子。

良好的大学英语课堂生态教学顶层设计必须考虑好如下的因素。一是生态因子要全。上面提到的教学目标、内容设计、环境营造、氛围创设、效果评价五个方面缺一不可,任何缺位都会造成生态位的缺失。二是生态因子之间要有机联系。上述五个方面之间到底是一种什么样的逻辑关系,它们彼此之间如何进行关联和互动,它们之间的关系如何进行调和等,这些问题的答案会直接影

响系统运行的效果,研究大学英语课堂生态的顶层设计必须对它们之间的关系做出科学解答。此外,大学英语教师要从思想上充分认识到顶层设计对大学英语课堂生态的指引作用,才能在具体教学实践活动中灵活掌握和驾驭五个方面的关系,才能有助于师生之间的沟通交流,从而构建和谐默契的师生关系,形成开放良性的生态系统,最终提升大学英语课程的育人效果。

第二章
大学英语课堂生态重构的理论基础

20 世纪中叶以来,工业革命在促进经济与科技进步的同时,也造成了环境污染、资源短缺等一系列问题,甚至威胁到了人类自身的生存,这使得人类越来越尊重自然规律、关注生态环境,努力实现人与自然的和谐发展。在 21 世纪的今天,生态学理论日渐走入人们的生活,成为人们生活、工作和科学研究中用来考量问题和解决问题的新思路、新视角和新方法。同时,生态学作为一门独立的学科逐渐实现了与其他学科的融合,衍生出了新的理论形态,比如生态学与经济学、生态学与社会科学、生态学与自然科学、生态学与教育学融合产生经济生态、社会生态、自然生态、教育生态等我们所熟悉的学术术语。其中,教育生态系统中的课堂生态近年来成为教育界学者尤其是一线教师研究和关注的焦点。

课堂生态作为教育生态系统中的微观生态系统,同样具备普通生态系统的基本特征与功能。力求维持和实现课堂生态的平衡是以教师为主的课堂管理者所追求的重要活动目标。因为像其他自然生态系统一样,课堂生态系统只有在维持平衡的状态下,才能实现课堂所肩负的育人价值与使命,才能促进并实现人的全面发展。伴随经济与社会的发展应运而生的大学英语教学改革势必会造成大学英语课堂生态系统各因素、各因子的微妙变化,这种变化也会影响大学英语原有课堂生态的平衡。比如,互联网和现代信息技术的迅速发展将信息技术、多媒体技术、微课堂、微教学平台等延伸并普及到了现实课堂中,信息化语境下的大学英语课堂生态也因此成为一个新兴的研究领域。

　　新时代背景下,在习近平总书记"各门课程都要与思想政治理论课同向同行,形成协同育人效应"这一重要讲话精神的指引下,课程思政已经成为新时代教育教学的课程观、教学观和育人观。因此,大学英语课程思政教学改革、建设的实践与探索也成为新时代背景下大学英语课程改革坚守的目标导向,课程思政这一宏观价值目标的融入必然会影响大学英语课堂生态的原有组成因素,进而打破传统意义上大学英语课堂生态的平衡。因此,课程思政背景下如何重构大学英语的课堂生态、建构新时代背景下的大学英语课堂生态成为一个崭新的时代课题。

第一节　生态学理论基础

　　在课程思政的新时代背景下,大学英语教学改革按照既定的目标稳步推进,课程目标、教学目标、培养方案、教学设计等都做出相应的调整以适应我国新时代人才培养、立德树人的教育目标。在这种情况下,原有的大学英语课堂生态平衡被打破,作为教育生态系统子系统的传统课堂生态系统必然要做出调整和改变,重构大学英语课堂生态成为一种必然趋势。为更顺利有效地进行大学英语教学改革、重构大学英语课堂生态,有必要先来了解建构课堂生态的相关理论。

一、生态学

(一) 生态学的发展

　　生态,通常指生物的生存状态,以及生物之间和生物与环境之间环环相扣的关系。随着生态学思想渗透到越来越多的领域,"生态"一词涉及的范畴也越来越宽广。日常生活中所见的"生态"一词,兼具形容词和名词两种词性。词性不同，意义和惯常用法也有所不同。被用作形容词时，一般注作"生态的""生态化的""有益于人与自然和谐发展的"，倾向于褒义色彩，英文译为ecological，譬如惯常用法生态课堂、生态建筑、生态廊道、生态文明、生态产业等；用作名词时，一般注作"生存的状态""生命或生活状态"或"生态系统"，归于中性色彩，英文译作ecology，譬如常用搭配课堂生态、社会生态、经济生态、政治生态等。其他常见术语譬如生态系统、生态理论、生态思想、生态因子等，其中"生态"一词当属名词表达形容词含义，"生态方面的""生态类别的""生态系列的"，英文译为eco或ecological。而我们所说的"生态学"是由"生态"慢慢发展而来的，国际上一般也译为ecology。

实际上，在古人长期的农业生产劳动中早已蕴藏着生态学的思想，如古希腊著名学者亚里士多德按动物活动的环境将动物分为陆栖和水栖两类，其学生提出类似当今植物群落的概念；我国哲学思想的渊源与主干中也蕴藏了生态学的思想，如儒家荀子在《劝学》中提出"积土成山，风雨兴焉，积水成渊，蛟龙生焉"，道家庄子的"天地与我并生，万物与我为一。天地万物，物我一也"，都体现了古人鲜明且朴素的生态思想。再有，宋代张载最早提出的"天人合一"思想，明确表达了自然、人、社会相互统一、不可分割的整体生态观点；更有，"孟母三迁"的故事也折射出当时人们已经关注到教育与外部环境（包括自然环境与社会环境）的关系。

生态学（ecology）作为一门科学最早由德国生物学家Haeckel于1866年提出，它是研究有机体及其周围环境（包括生物环境和非生物环境）相互关系的科学。此定义的提出不仅奠定了生态科学研究的基础，同时也揭开了生态学发展的帷幕。20世纪30年代，不少生态学著作中开始阐述生态学的一些基本概念及观点，如生态位、生态链、生态系统。其中"生态系统"这一概念是1935年英国生态学家Tansley首次提出的，随后，这一概念被广泛地接受和应用，并带动生态学的研究和发展迈向了系统研究的新维度。至此，生态学作为一门独立的科学已经具有自己特定的研究对象、研究方法和相关理论体系。萌芽期之后，20世纪50年代迎来了生态学的发展期。一方面，生态学不断吸收物理、数学、化工等相关科学的研究成果，逐渐向纵深多层次的综合研究发展，从定性研究向定量研究转变,由静态性描述向动态性分析转化。另一方面,工业革命带来了经济与科学技术的飞速进步,给人类带来福祉与发展的同时,也造成了环境污染、资源短缺、人口膨胀、气候恶劣等一系列问题,甚至威胁到了人类自身的生存,这促使人类的行为逐渐发生改变。因此,生态学加快了与其他学科的相互融合、相互渗透,一些生态学的跨学科研究便应运而生了,比如人类生态学、社会生态学、文化生态学、教育生态学。目前,学术界存在既通俗易懂又普遍接受的共识,即教育生态学是运用生态学的基本原理与研究方法来研究教育现象并探索教育规律的科学。

(二) 生态学的基本原理

若从教育生态学的角度探讨教育规律、研究教育现象并解决教育问题,有必要先了解一下生态学的基本原理。在此我们引用学者王如松提出的自然生态系统和社会生态系统所共同遵循的生态学的主要原理。

胜汰原理。系统的资源承载力、环境容纳总量在一定时空范围内是恒定的,但其分布是不均匀的。差异导致竞争,竞争促进发展,优胜劣汰是自然及人类社会发展的普遍规律。

拓适原理。任一企业、地区或部门的发展都有其特定的资源生态位。成功的发展必须善于拓展资源生态位和需求生态位,以改造和适应环境。只开拓不适应,缺乏发展的稳度和柔度;只适应不开拓,缺乏发展的速度和力度。

生克原理。任一系统都有某种利导因子主导其发展,都有某种限制因子抑制其发展;资源的稀缺性导致系统内产生竞争和共生机制。这种相生相克作用是提高资源利用效率、增强系统自生活力、实现持续发展的必要条件,缺乏其中任何一种机制的系统都是没有生命力的系统。

反馈原理。复合生态系统的发展受两种反馈机制的控制:一种是作用和反作用彼此促进、相互放大的正反馈,导致系统的无止境增长或衰退;另一种是作用和反作用彼此抑制、相互抵消的负反馈,使系统维持在稳定态附近。正反馈导致发展,负反馈导致稳定。系统发展的初期一般正反馈占优势,晚期则负反馈占优势。持续发展的系统中正负反馈机制相互平衡。

乘补原理。当整体功能失调时,系统中的某些成分会乘机膨胀成为主导成分,使系统歧变;有些成分则能自动补偿或代替系统的原有功能,使整体功能趋于稳定。系统调控中要特别注意这种相乘相补作用。要稳定一个系统时,使补胜乘;要改变一个系统时,使乘强于补。

瓶颈原理。复合生态系统的发展初期需要开拓与发展环境,速度较慢;继而最适应环境,呈指数式上升;最后受环境容量或瓶颈的限制,速度放慢,越接近某个阈值水平,其速度越慢,呈 S 形增长。但人能改造环境,扩展瓶颈,系统又会出现新的限制因子或瓶颈。复合生态系统正是在这种不断逼近或扩展瓶颈的过程中波浪式前进,实现持续发展的。

循环原理。世间一切产品都要变成"废物",世间任一"废物"必然是对生物圈中某一生态过程有用的"原料"或缓冲剂;人类一切行为最终都要反馈到作用者本身。物质的循环再生和信息的反馈调节是复合生态系统持续发展的根本动因。

多样性和主导性原理。系统必须以优势种和拳头产品为主导,才会有发展的实力;必须以多元化的结构和多样性的产品为基础,才能分散风险,增强稳定性。主导性和多样性的合理匹配是实现持续发展的前提。

生态发展原理。发展是一种渐进的、有序的系统发育和功能完善过程。系统演替的目标在于功能的完善,而非结构或成分的增长;系统生产的目的在于对社会的服务功效,而非产品的数量或质量。

机巧原理。系统发展的风险和机会是均衡的,大的机会往往伴随高的风险。强的生态系统要善于抓住一切适宜的机会,利用一切可以利用的力量为系统服务,变害为利。

二、教育生态学

(一)教育生态学的产生和发展

正如上文所述,随着社会的发展与进步,人们对生态学的研究逐渐深入,并与其他学科相互融合、相互渗透,生态学的基本原理和研究方法被越来越多地用来解决其他学科问题。运用生态学的基本原理与研究方法研究教育现象,并探索教育规律的科学教育生态学逐渐兴起,成为一个新兴的交叉研究领域,并受到越来越多的关注。实践证明,生态学的基本原理、方法论以及"系统、平衡、联系、动态"的价值观对教育现象的研究具有较强的适切性和较高的融合度。

实际上,在"教育生态学"一词诞生之前,人类就已经开始关注环境与教育的关系。我国教育生态学的历史根源可以追溯到孔子时期。他在《论语·阳货》中提出的"性相近也,习相远也"显然已经意识到环境因素对教育的作用与影响,前文提到的"孟母三迁"的典故,也充分说明人们当时已经注意到教育与社会环境、自然环境的关系。古希腊柏拉图提出的"为灵魂的美善而实施音乐教育",突出了音乐等环境因素对教育的影响。20世纪20年代,德国学者Busemann和Popp等人试图建立"教育环境学",以研究教育同各种宏观环境要素之间的关系。

20世纪30年代,美国教育学者Waller最早尝试将生态学的相关原理与研究方法运用到教育研究中。1932年,Waller在《教育社会学》一书中首次提出"课堂生态"(ecology of classroom)的概念。20世纪40年代,美国堪萨斯州立大学心理学教授巴克和赖特用生态学方法研究了教师与学生在课堂上的互动行为,探讨了社会环境与儿童学习行为的关系。1966年,英国学者Ashby提出了"高等教育生态学"(ecology of higher education)的概念,由此开创了用生态学的基本原理和思考方式研究高等教育的先例。1976年,美国哥伦比亚大学师范学院院长Lawrence Cremin在其《公共教育》一书中正式提出了"教育生态学"(ecology of education)一词,并于1978年在庆祝瑞典斯德哥尔摩大学建校100周年国际研讨会上,发表了题为《教育生态学中的变革:学校和其他教育者》的重要演讲,从而标志着一门新兴的独立学科——教育生态学的诞生。Cremin认为,教育生态学是一门由教育学、生态学、社会学、心理学、行为学等多学科相互融合、交叉渗透而形成的交叉边缘学科,其教育生态学思想得到了国际教育界的广泛认同。20世纪80年代以后,教育生态学研究的广度和深度都得到了长足的发展,并逐渐发展成为教育学研究的主流方向,同时,越来越多的学者呼吁用教育生态学的思维方式和价值观培养国家未来人才。

我国教育生态思想的历史渊源可以追溯到古代,但在后期较长的历史时期内,该研究近乎中断。直到20世纪60年代,我国台湾师范大学教育学系方炳林教授著成《生态环境与教育》一书,重新关注了教育与环境因素的关系。20世纪80年代,台湾学者李聪明著有《教育生态学导论》,他用生态学的原理对台湾教育的现实及各级教育当时存在的问题进行了反思。我国大陆大部分学者对教育生态学的研究开始于20世纪80年代末90年代初。南京师范大学环境科学研究所吴鼎福教授是最早开始进行教育生态学研究的,并取得了一定的成就。他于1988年发表《教育生态学刍议》,1990年与诸文蔚合著出版的《教育生态学》是我国大陆第一本教育生态学专著。1992年,任凯和白燕共同撰写了我国大陆第二本教育生态学专著《教育生态学》。两本教育生态学专著的出版以及一些教育生态问题专论的发表,标志着教育生态学已经成为我国教育科学研究的重要领域之一,教育生态学也成为一门重要的教育分支学科。

(二)教育生态学的相关理论概念

教育生态学是由教育学和生态学相互渗透、相互融合而逐渐发展起来的一个新兴的交叉学科、边缘学科。教育生态学主要用生态学的理论、思维、方法和价值观来研究教育现象、探索教育规律并解决教育问题,其主要目的在于通过分析各种教育生态环境因素与教育事业发展之间复杂的、动态的关系,揭示教育发展的规律和生态机制,探索优化教育生态环境的途径和方法(范国睿,2019)。这也是本书始终探索和力求解决的本质问题,即用生态学的基础原理和思维方式重新考量课程思政时代背景下大学英语课堂这一教育生态系统之子系统的生态平衡问题,探索优化大学英语课堂生态环境的途径和方法,使之适应周围外部生态环境,尤其是社会文化环境,重构课程思政时代背景下大学英语课堂的生态平衡,提高课堂产出的有效性,增强课堂输出的生态功能,落实"立德树人"根本育人目标,从而培养新时代背景下社会主义事业的建设者和接班人,实现社会的可持续发展。

因此,了解教育生态学的相关理论概念对于理解生态学与教育现象的融合和相通之处是至关重要的。前文我们已经熟悉了生态学的常用基本原理,从本质上讲,贯穿于这些原理的最基本的生态学思想是生态系统和生态平衡。

1. 生态系统与教育生态系统

"生态系统"（ecosystem）这一概念被 Tansley 提出后，被广泛地接受和应用，并带动生态学的研究和发展迈向了系统研究的新维度。有关生态系统的概念很多，但基本上一致认为，生态系统是指生物群落与它的无机环境相互作用、相互联系而形成的统一整体。总体上来讲，生态系统分为"生物群落"和"无机环境"两大部分。其中，无机环境（如湿度、温度、空气、土壤）是一个生态系统的基础，它直接决定着生物群落的存在状态；而生物群落又会反作用于无机环境，它一方面可以适应无机环境而生存发展，另一方面其自身的发展也在时刻影响着和改变着无机环境。可见，生态系统从某种程度上来讲是相对独立的，生态系统内部的各因素、各因子之间是相互作用、相互影响、相互依存、相互联系着的统一体，系统内的生物与生物、生物与非生物之间不断地进行着物质循环、能量转换和信息传递。同时，生态系统又不可避免地与周围环境组成一个更大、更复杂、更高一级的生态系统，继续进行着物质的循环、能量的转换和信息的传递。由此可见，生态系统是一个联系的、动态的、开放的功能单位。从广义上来讲，生态系统可以分为自然生态系统和社会生态系统。

社会生态系统是由教育、政治、经济、文化、人口等子系统共同构成的复合生态系统（compound ecosystem）（范国睿，2019）。教育生态系统是社会生态系统的子系统，具备生态系统的基本特点和功能。徐淑娟（2016）指出，教育生态系统是指在一定时空范围内，教育与其他自然和社会生态系统等通过物质循环、信息交换和能量流动所构成的教育生态学单位，是各种存在着关联性的教育生态因子组成的统一体。教育生态系统中的生物群落是人，包括教师、学生以及教育教学管理者、服务者；无机环境是影响教育活动的自然环境和社会环境，包括显性的物理环境如家庭、学校、教室、座椅和隐形的文化环境如社会性质、国家政策、教育方针、培养目标、社会期待。教育生态系统的诸要素在系统内部以及诸要素同外部环境之间不断地相互作用、相互影响，进行着物质、信息和能量的交流，构成了一个由"人—教育—环境"组成的三维统一体。此三维统一体，即教育生态系统，在"适应—发展—新的适应、平衡—不平衡—新的平衡、共生—竞争—新的共生"中不断地进行着物质、能量和信息的输入与输出。

2. 生态平衡与教育生态平衡

当系统中的物质、能量和信息的输入与输出所占比例达到进而保持在一个接近相等的状态时，我们认为系统维持了生态平衡。生态平衡（ecological balance）是指在一段较长的时间内，一个生态系统中的生物群落各物种之间、生物群落与外部环境之间进行着的物质循环、信息交换和能量流动在各方面达到了最佳占比，它们之间的相互融合与相互适应达到了最高的适切值，处于高度的协调与统一、适应与发展中。在生态平衡的状态下，诸要素相互作用、相互影响的结构及其功能都处于相对稳定的状态。在生态平衡的状态下，诸要素相互依存、相互发展，在物质运动规律的作用下，系统中的某要素随着时间的变化必定会消长，而某要素的消或长必定会影响到其他要素或因子的存在状态，进而引起系统整体结构和功能的变化。这时，生态系统诸要素之间，诸要素与外部环境之间的关系、输入与输出的占比等发生变化，进而破坏了原有的生态平衡，造成生态失衡（ecological imbalance）。在生态失衡的状态下，系统诸要素通过自发调节、自发修复或在以人为主的外力帮助下，慢慢地又趋于新的平衡，这时系统中形成了新的组织结构，为维持系统的生生不息而发挥着更高效的功能。因此，生态系统的平衡是一个相对的概念，是一个动态的过程，任何一个生态系统都是在平衡—不平衡—新的平衡的交替循环中延续着生命与活力。

教育生态系统中各因子在"适应—发展—新的适应、平衡—不平衡—新的平衡、共生—竞争—新的共生"中不断地进行着物质、能量和信息的输入与输出。教育系统正是在这样的运动、变化和发展过程中不断进行着自我升级，维持了教育生态的平衡，促进了社会的发展与人类的进步。教育生态系统的平衡与不平衡主要表现在功能、结构及科研，教育的投入与成果，人才的产出三个方面（吴鼎福，诸文蔚，2000）。据此，当系统外部环境因素如社会文化因素发生变化时，教育系统内部的其他要素、教育系统与更高级更复杂的社会大系统之间的关系也必然会发生变化，一系列的关系变化必然导致教育系统的生态失衡。因此，为了达到新的平衡，即为了适应社会新的发展和时代新的进步，教育系统应该及时进行自我调整和自我修复，重新组织并协调系统内部结构，使教育的物质、能量与信息的输入与输出达到相对平衡状态，使人才培养与产出适应社会发展和时代需要。由此,作为社会大系统之子系统的教育生态系统与社会大系统之间相互适应,达到了宏观社会生态系统的平衡,从而有利于社会的发展和人类的进步。同样,如同其他生态系统一样,教育生态系统也遵循物质运动的规律,会在平衡—不平衡—新的平衡的反复循环中实现动态的延续和发展。

3. 生态环境与教育生态环境

与生态系统、生态平衡密切相关的是生态环境。生态环境(ecological environment)是指生态关系中各种生态因子和各种条件的总和,是生态关系组成的所有环境的简称,通常指能够影响人类生活和生产活动的各种自然因素、力量、物质和能量的总和。生态环境的各要素之间、各要素与外部环境之间相互联系,不断地进行着物质、能量与信息的交流。范国睿(2019)认为,人类的生态环境是一个包括自然环境、社会环境和规范环境在内的复合生态环境(compound ecological environment)。自然生态环境(natural environment)是指存在于人类社会周围的,能够对人类的生存和发展产生直接或间接作用的各种自然物质和能量,是人类赖以生存和发展必不可少的物质基础,如森林、丘陵、草原、荒漠、湿地、空气及海洋。社会环境(social environment)是指社会的各个单元或组成部分共同构成的社会生态系统,包括社会大系统中的政治、经济、文化、人口、家庭等,是人类独有的生活环境,是人类社会的组织结构环境。而规范环境(normative environment)是人类在社会生活过程中所形成的各种态度、风气、价值观念等,具体包括社会风气、民族传统、风俗与习惯、社会思潮、艺术、科学技术、宗教等。从规范环境的内容可以得出,规范环境与教育有着更为密切的联系。社会风气、民族传统与信仰、社会思潮等是社会文化的重要组成部分,更是各级、各层次教育实施的重要内容,它们以语言为载体,通过教育进行传承与弘扬。因此,规范环境的变化与发展必然会影响教育生态环境的变化与发展。

教育生态环境(educational ecological environment)是由教育诸要素与其周围生态环境相互作用、相互联系构成的,是由对教育的产生、存在和发展发挥制约、调控和反馈作用的多元因素构成的多元环境体系。它以教育为中心,如同其他生态环境一样,是由其相关的自然环境、社会环境和规范环境组成的复合生态系统。教育生态环境是教育生态学的重要理论概念,是教育生态学研究的重要组成部分。因此,探索教育规律、研究教育现象、探讨教育问题的本质在于通过探索优化教育生态环境,实现教育生态系统的生态平衡。由此,本书从教育生态学的角度研究课程思政背景下课堂生态问题,将主要分析教育生态环境诸要素,尤其是规范环境要素对课堂生态环境的影响,促进课堂生态环境中物质、能量与信息的有效交流,通过重构课堂生态环境实现课堂生态的新平衡,从而实现整个教育生态系统中"人—教育—环境"的可持续发展。

三、生态语言学与生态语言教学观

(一) 生态语言学

语言表达、反映、更影响着人们对于世界的认识。语言影响着人们的思维方式,思维支配行动,因此语言影响着人们的行为方式,影响着人们认识、利用自然和社会的行为方式。自然和社会构成人们赖以生存和发展的生态系统。英国学者 Stibble(2019)认为,生态与语言的关系在于:我们的思维、理念、观念、意识形态和世界观影响了我们对待人际关系和自然世界的方式,而语言塑造了我们所有的思维模式。正是借由语言,各种经济体系得以建立;但当这些体系带来严重的生态破坏、给人类造成巨大的痛苦时,人们又通过语言对其进行抵制,然后建立新的经济体系。正是借由语言,人们产生了消费主义的心态,有了囤积物品的生活习惯;还是借由语言,人们抵制了消费主义,意识到要"实现更多而不是拥有更多"。

如前文所述,人类对教育与环境关系的关注可以追溯到古时候。无论何种形式的教育,都离不开语言承载的内容和以语言为依托的传播载体。实际上,早在 19 世纪初期,普通语言学奠基人、德国哲学家和语言学家 Humboldt 就已经开始关注语言与环境的关系,并提出了人类语言的多样性问题。一百多年后的 1912 年,美国语言学家和人类学家 Sapir 首次从语音、语义、语言结构及音位系统等方面研究了语言与环境的关系,从而建立起语言与自然的关系。1959年,Trim 在他的文章《历史的、描述的与能动的语言学》一文中首次从生态学的视角讨论了语言发展的历史与变化。

随着经济社会的发展,全球生态环境日益恶化,人们对环境的关注度越来越高。此时,一些语言学家和学者也积极寻求各种途径,试图从语言学的角度探讨语言与生态环境的关系,以期抑制环境的继续恶化。这就是生态语言学诞生的社会环境。1970 年,美籍挪威语言学家 Haugen 在奥地利的一次学术会议上首次提出"语言生态"(the ecology of language)的概念,意指对人类使用的语言和多语社区间相互关系进行的新型生态学研究。随后,1972 年,Haugen 在论文《语言的生态》中将"语言生态"进一步定义为"研究某种特定语言与其生存环境间的相互作用关系",同时将语言环境隐喻为动植物的生态环境,因而有了学术界生态语言学起于隐喻的说法。从此,"语言生态"作为一种隐喻也逐渐地被运用到语言学、社会学、文化学及人类学中,且语用学、话语分析、理论语言学、人类语言学等也有了新的发现,找到了相关参数与生态环境的关系互动。Haugen 的语言生态隐喻思想奠定了生态语言学的第一种主流研究范式,被称为"豪根模式"或"隐喻模式"。

20 世纪 80 年代后期,全球环境的恶化给人类的生存与发展带来了威胁和考验,同时也进一步加速了语言和生态关系的研究。以 Mackey 为主的语言学家开始关注语言对环境的积极影响,并试图通过语言研究寻找缓解或解决生态环境恶化的方法。1990 年,著名语言学家 Halliday 在国际应用语言学协会世界大会上的精辟发言深化并极大地推动了语言与生态问题的研究。Halliday(2001)在其主题发言论文《意义的新途径:挑战应用语言学》中论述了生长、性别和物种在语言的词汇和语法结构中的自我表现形式,并提出语言学研究不能忽视语言在生态进程中的作用,而应该将语言研究作为生态考察的一个组成部分。显然,Halliday 这种语言在环境中的思考视角与方法为生态语言学提供了新的研究路径,被称为"韩礼德模式"或"非隐喻模式"。1993 年,Makkai 在《生态语言学:迈向语言科学的新范式》一书中正式提出了"生态语言学"(ecolinguistics)一词,标志着生态语言学正式成为一个新兴的交叉学科。多年来,经过国内外学者的共同努力,生态语言学得到了长足的发展,特别是进入21 世纪以来,其发展呈现出了更综合、更深入、更宽广的特点,兼具包容性和开放性。同时,两大主流研究范式也得到了纵深发展。

生态语言学是由生态学和语言学相互融合、相互交叉而形成的一个新兴的语言学分支，也是一门新兴的交叉学科。"生态""环境""语言生态""生态语言""语言环境"是生态语言学的基本概念。生态语言学观照下的"生态"是一个隐喻表达，"语言生态"是指特定语言与所在族群、社会、政治、经济、文化及地理环境相互依存、相互作用、相互影响的生存发展状态，类似于自然界特定生物和非生物的生态。Muhlhausler（2003）指出，"语言环境"涉及语言与现实世界和环境问题之间的相互关系以及语言多样性、重要性等方面；世界上存在的各种语言构成了"语言生态"。"生态语言"就是能够表现和促进人类与自然健康、和谐、协同进化的语言系统和语言使用（范俊军，2005）。生态语言学的研究范围涉及生态学、语言学、自然科学、社会科学以及其他人文学科等；其任务主要是通过研究语言的生态因素，揭示语言与环境的相互作用。本书主要借鉴生态语言学的第一大研究领域，即运用生态学原理，调查研究影响语言功能的各种因素，考察语言生存与发展的生态环境（范俊军，2005），探索促进语言发展、提升语言活力的建构策略。

（二）生态语言教学观

在生态语言学的蓬勃发展过程中，学者 Van Lier 将社会文化理论逐渐与生态语言学相结合，将二语习得研究过程融入生态元素，形成了新的外语教学的理论研究范式——生态语言教学观。社会文化理论是由苏联著名心理学家 Vygotsky 在其文化历史心理学的基础上，借鉴并吸收其他心理学家和教育家的观点而提出来的。在该理论观照下，人类被理解为利用原有的文化工具创作新的文化工具，并由这些文化工具来调节他们的生理和行为活动。它强调语言是一种社会文化现象，强调社会文化因素在人类认知活动和功能中发挥着核心作用，认为人类认知活动的最重要形式是通过社会和物质环境内的互动而得到发展的。

社会文化理论融入生态元素所形成的生态语言教学观，创造性地运用突现理论对语言及其生成进行了理性的再认识，把语言学习过程阐释成多维时空尺度的流变性，并借由符担性把语言学习者与学习环境的关系统整起来，从而更全面、生态地对语言教学与研究进行了阐释，也将更加科学地指导外语教学与研究(Kramsch,2000)。

1. 突现——生态语言习得的生成观

"突现"(emergence)一词作为一个学术术语出现可以追溯到 19 世纪英国著名的哲学家、逻辑学家 Mill。他提出两种因果关系学说,一种是合成因果关系,即由同质的原因以合力的原则导致其结果,该因果关系由同质定律支配;另一种是异质因果关系,即由多种因素共同作用产生其结果,该因果关系由异质定律支配。1875 年,哲学家 Lewes 继承并发展了 Mill 的思想,将第二种因果关系称为突现。随着研究的深入,近年来,"突现"已经成为当代复杂性科学、语言学和哲学研究的一个前沿和热点。1956 年,Ashby 在其《控制论导论》中用举例子的方式向人们阐释了"突现"的内涵。Goldstein 指出,"突现"是指在复杂系统的自组织过程中涌现出新的、和谐的结构、类型和性质,相对于微观过程来说,突现是在宏观水平上出现的现象。换言之,"突现"是一个复杂的系统在一些简单的相互作用的规则条件下产生的集体的、复杂的、超越规则的现象(吴文,2011)。

著名应用语言学家 Ellis 和 Larsen-Freeman(2006)认为,语言是一个多主体的、复杂的、动态的、适应的系统突现出的特征的总和,语言学习是特征突现的过程。他指出,语言这个复杂系统是由有交流愿望的人与被人讨论的世界的在互动中生态地构成的,并且它是一个在不同层次(由上到下依次为会话、相互作用、建构、词汇、形态、语音和神经、脑、身体)、不同集合(个体、社会团体、网络、文化)和不同时间范畴(进化、新生、发育、相互作用、神经横向作用、神经纵向作用)下不断适应的复杂系统。因此,语言发展和语言使用的模式既非天生语言学习机制所得,亦非语言输入激活所致,而是在语言行为的主体和主体所处的环境相互作用中突现出来的(Larsen-Freeman,Cameron,2007)。由此,我们可以认为,二语习得是一个动态的、复杂的过程,外语教学要重视语言学习主体与外部环境的相互作用,以生态的、动态的教学观为指引,促进学习主体积极主动地参与社会、文化的互动。

2. 符担性——生态语言习得与环境的关系观

"符担性"(affordance)是生态语言教学观的核心概念和原则,是由美国心理学家 Gibson（1993）创造性地提出的。Gibson 在探索自然界生物的知觉和行为之间的关系过程中，从生态心理学的角度分析了动物与栖息环境之间的共存关系，企图解释动物如何由直觉判断环境能否供给它们生活所需之栖息、营养取得、饮水、自由运动等功能，再根据此判断进一步采取行动，达到生物生存、繁衍生命等目的。这种物质具备的特定物理条件与生物之间的对应关系也就是影响生物知觉行为的重要因素，借由这种自然对应关系的存在，生物能判别环境所能提供的功能，进而作出适当行为，这种环境与生物的对应关系形成了符担性的概念（林俊男等，2001）。

　　如何更好地理解"符担性"一词的含义？我们不妨借鉴 Van Lier 的例子。一个成人独自在小溪边，他希望跨过小溪。此时他看见水中有一块石头，并踩在上面到达了小溪的对面。此时石头的符担性就可以理解为成人根据自身当时所处的具体环境感知石头为其提供的踩踏借力功能，而小孩因其自身内化知识的欠缺而无法感知石头的符担性。然而，这块石头却被青蛙符担性地理解为趴在上面晒太阳或睡觉的床，而水中的鱼却不能感知青蛙对石头符担性的选择（Van Lier，2000）。正是基于不同生物对同一生态环境符担性的不同理解，生态语言教学专家认为语言本身就是与其使用的人、世界具有生态的相关性，应该考虑到不同学习者在学习环境中对语言符担性的不同理解。因此，Van Lier（2000）提倡现代语言教学应该从强调语言的输入性转移到注重语言的符担性（from input to affordance）。因为根据"输入"的观点，语言仅仅被看作了固定的语码，"学习"也只是被当作了记忆的过程，从而无视学习者对语言符担性的生态理解。由此，我们可以将语言学习过程中符担性的内涵理解为学习行为者根据自身理解方式来感觉环境（潜在意义，包括自然环境和文化环境）符担给其付诸行动的可能性（潜在行为）。（吴文，2011）因此，我们可以认为，语言学习动机不强或持"语言学习无用论"观点的学习者，没有正确地理解语言学习包括语言学习环境对于其生存或成长供给的符担性。只有学习者正确地感知到了语言学习的符担性，才能付诸行动进而实现语言习得。

　　Van Lier 将社会文化理论与生态语言学相结合，将二语习得研究过程融入生态元素，创造性地运用突现理论对语言及其生成进行了理性的再认识，把语言学习过程阐释成多维时空尺度的流变性,并借由符担性把语言学习者与学习环境的关系统整起来,从而对语言教学与研究进行了更为全面、生态的阐释(Kramsch,2000)。给养理论(the Theory of Affordance)是生态语言学的核心理念,最早由美国心理学家 Gibson 为了阐释生物与环境的互动关系而提出。在 Gibson 看来,给养是环境中所蕴存的潜在的行为可能性;给养既不是环境的固有属性,也不是个体的固有属性,而是在两者的互动中"涌现"出来的。在 Gibson 的启发下,Van Lier(2004)将二语习得领域的"给养"定义为"个人在采取行动时所能获得的内容(what is available to the person to do something with)",即环境给行事者所提供的机会或可能性。作为一种"意义潜势"或"行动潜势",给养涌现于感知、解读、行动互为加强的不断循环中。它把语言学习者、学习者和学习环境的关系统一于互动中,引导语言学习者通过"感知"环境提供的学习资源和互动学习机会,对其进行"解读",进而采取相应的语言学习"行动",将所学转化为给养,从而提高学习者语言学习的自主性,促进学习者语言的可持续发展。因此,关注学习行为主体与学习环境的适应关系,引领学习者对学习环境进行有效感知,正确"解读",进而采取相应的内化"行动"的给养理论对研究学习者的语言学习和生命成长具有重要的指导意义。

3. 多维时空流变性——生态语言习得的过程观

过去、现在、将来组成的三维时间,以及长、宽、高组成的三维空间,一直是普通语言学研究的重要切入点。时空观把时间和空间看作语言系统整体存在的重要组成部分,也正是从语言系统的整体性生态中获得了时间和空间的概念。因此,更有学者从时空观入手对语言学进行时间和空间的整体性、立体性研究。所谓"流变性"是指物体在外力作用下表现出来的变形性和流动性,而语言的流变性则指语言存在的三种不同过程状态的发展:恒定态,是语言流变过程中相对的平衡态和稳定态;发散性变化状态,是语言流变过程中绝对的运动状态和不平衡状态;周期性变化状态,即有规律可循的语言流变轨迹(裴文,2005)。因此,从时间和空间不断交融的过程中追索语言及语言流变现象之间的关系,能够初步揭示语言时空结构统摄之下的语言所具有的流变性,以语言流变自身所彰显的时空特征来解析语言流变的过程状态,强调从语言流变的个体状态入手,更好地追索语言流变整体状态及其规律(裴文,2005)。

生态语言教学观从时空视角认为,语言学习在时间上具有显著的流变性,如现时外语学习模式必定为先前母语学习模式的复制和改造,同时,之前学习这些语言所形成的思维和经验必将构建自身学习图式影响往后语言学习的思维和经验。以此类推,将来心智结构投射能力必将由现有经验和能力决定(吴文,2011)。因此,语言学习思维模式是各种规模水平的现象和事件的复制(Kramsch,2000)。语言学习空间上的流变性可以从下面例子中理解。Pavlenko和Lantolf(2000)对Mori从日本到美国求学并移民至美国生活22年后又回到日本后无法适应日本的语言思维方式的个案跟踪研究和Kramsch(2009)对澳大利亚学生在法国学习多年后回到澳大利亚无法容忍自己像其他澳大利亚学生一样"闯进"老师办公室的事实充分论证了语言学习在时空上的流变性。因此,生态语言教学理论便结合语言自身的时空流变性提出语言学习不仅是学生成长的社会文化环境流变的结果,更是学生成长经历及其母语学习经验的再现和改造过程,即语言习得是学习者语言学习时间和空间多维立体流变的结果(吴文,2011)。由此可知,在外语教学过程中,我们应该重视时空流变性引起的语言学习者的习得效果差异,比如在语音习得方面,要关注学习者成长经历和社会文化环境。

在社会文化理论基础上逐渐形成的生态语言教学观,从多个角度考察了语言习得过程中学习者、语言以及语言学习环境的相互作用对语言习得的影响,且创造性地引进突现理论(emergertism),对语言及其生成观进行了全新的诠释,借由符担性将语言学习者与学习环境统整起来,并把语言学习过程观理解为具有多维时空流变性(吴文,2011)。这对于外语教学、课堂生态的构建、学习者语言习得的成长具有长远的生态化指导意义。

第二节　社会文化理论基础

研究生态语言教学,特别是母语之外的第二语言的学习,了解和掌握第二语言产生的社会环境、语言特征等核心要素,对于提升第二语言学习的效果具有重要的意义。近年来,将社会文化理论应用到探讨大学英语生态教学模式中成为理论界研究的热点之一。社会文化理论起源于心理学研究领域,是苏联著名心理学家 Vygotsky 和他的同事们,在文化历史心理学基础上,吸收和借鉴了其他心理学家的观点逐步发展起来的。进入 21 世纪以后,随着生态学研究的推进,部分学者将生态学的元素加入社会文化理论中,促使该理论逐渐向生态语言教学观转化,成为指导外语学习的重要理论。它强调在社会交互和语言发展的关系下研究外语学习,改变了传统外语教学中将语言学习的社会环境和心理语言过程一分为二的现象,"对外语学习者来说,语言发展产生于社会交往的过程中,在社会交往中二语学习者积极参与意义构建,并通过该过程习得第二语言"(马俊波,2008:12)。

一、活动理论

活动理论是社会文化理论的代表性观点。在这个理论看来,活动是一个基础性的、具有发端性的内容范畴。个体的活动永远不能脱离社会环境而独立地存在和延续,活动是个体与客观世界产生联系,进而帮助个体实现社会价值的桥梁和纽带。活动的内容范畴也极为广泛。活动理论的代表性人物 Leontiev 将活动作为个体与社会接触的重要功能概括为两个转化。第一,个体是通过活动的过程而与客观世界产生实际接触的,因为活动的过程要与外界产生接触,就必须适应外界的特点和环境。因此,从这个过程来看,实际控制着活动过程的,排在首位的是外界的对象,外界对象的心理印象是外界活动的产物,是排在第二位的。第二,个体对外界对象所产生的心理反映,并不是外界影响直接引发的,而是通过外界对象的活动所引起的,也就是说活动是引发个体心理印象的介体,个体也通过活动来调节和改造客观对象。

二、调节理论

在调节理论看来,人类的心理过程主要受到三种基本的文化要素的引发和调节,即活动、文化产物和概念。活动是指能够将人组织起来的具体行为,比如教育、游戏、法律。文化产物则包括人类物质文明和精神文明的所有形态,像承载文化产物的书籍、语言等就是典型的文化产品,属于文化产物范畴。相对于活动、文化产物这两类相对具体的形态,概念则略显抽象,它是人类对客观社会、心理活动的一种思维表达,是一种思维构建模式,呈现出来的是一种观念,比如宗教观、人生观、价值观。总之,三个文化因素存在于人和社会两个大类形态中,在人与人、人与社会、人与思维之间发挥着调节作用。

按照调节理论的观念来解读一个以汉语为母语的英语学习者,其英语学习过程始终涉及教与学两个方面。从教的这个层面看,教师要实现语言教学的目的,就要按照教学大纲、教学内容、学生班级组织课堂教学等各类教学活动,通过教学活动来达到教学的目的。在这个过程中,教师为了更好地实现教学目的,还要根据学生个人特点、性格特征等不断地调节教学进度和改进教学手段。从学的这个角度看,学生在语言学习过程中,通过与课堂教学活动的互动,特别是通过与教师、教材和同学之间的有效互动,逐渐掌握英语教学的词汇、语法等语言学习的基本内容,最终构成了一个以语言学习为主要内容的心理活动空间。从这个单纯的教学活动来看,课堂教学是前面提到的文化因素的活动,英语语言则是文化产物因素,学生所构建的英语语言世界属于概念因素。很显然,课堂教学、个人特质、课程测试等都对学生的英语学习发挥一定的作用,但要衡量个体因素的独立影响是一个很难的任务,几乎是不可能实现的。因为从表面来看,个体学习者学习语言这个活动,只是学习个体与语言之间发生关联,但无论如何,个体的学习者和语言学习总是存在于一定的社会范围之内,始终要受到学习者的学习动机、学习行为、学习习惯、认知能力等因素的影响和调节。从这个意义上来看,调节理论被广泛用到语言学习领域中解释语言学习的相关认知特点是必要的。

三、最近发展区理论

"最近发展区"最早于 20 世纪 30 年代由苏联著名心理学家 Vygotsky 创造性地提出,被定义为"学习者真实发展水平和潜在发展水平之间的差距"(刘学惠,2011:46-51)。真实发展水平倾向于学习者在完成学习任务时表现出来的能力,潜在发展水平则指学习者在老师、同学等外界因素的帮助下所表现出来的能力。从这个层面看,学习的过程实际上就是让学习者尽可能将自己的潜在的学习能力激发出来,从而提升自己综合能力的过程。

在长期的教学实践中可以发现,当学习任务过于简单或者过于难时,都无法真正促进学生学习能力的提升。语言学习这个任务,也必须遵循这个客观事实。学者克拉申认为课程输入的难度应该略高于学习者当前的学习水平。在这里,输入的"度"是"略高于"当前水平,而不是低于或者远远高于学习者当前的水平。因此,从这个论断出发,教师要尽可能在进行语言教学之前,对所教授学生的真实水平和潜在的发展水平有个客观的评估,在此基础上对教学材料的组织、教学手段的选择、教学内容的科学设计等做出系统设计和安排。只有这样,才能最大限度地实现语言课堂教学中教与学的良性互动,最大化提升教学效果。

四、内化理论

Vygotsky 所强调的内化实际上是高级心理作用的发生顺序与频率,先是发生于个体之间,然后发生于个体之内。高级心理活动发生的顺序是一个值得商榷的命题,也有学者认为这个过程是反复的,很难明确地界定先后顺序。抛开顺序不谈,内化理论的核心观点是高频率的学习活动对于学习过程的成熟和学习内容的掌握起到了关键性作用。所以,社会文化理论认为模仿、个人语言和内部语言是内化机制在不同阶段的表现方式,这种划分也符合第二语言学习的过程。模仿实际上是对语言输入的重复行为,是学习者将语言符号纳入自身知识体系的惯用方式和手段。经过反复的练习和运用过程,如果学习者可以在语言能力方面达到充分的认知,在语言学习方面就能达到熟练的运用,自然就内化了学习语言的知识和能力。

综合社会文化理论的几种观点可以看出,社会文化理论把语言当成一种"思维的工具",把对话交际或者活动看作是知识结构连接点的中心。它首先是在个体之间发展,然后个体将知识吸收和内化。在社会文化理论学者看来,所有的学习活动首先应该是社会的,社会属性是所有的学习活动具备的首要属性,其次才是个体的、离开了社会的学习,个体的学习不是真正意义上的学习;从学习的内容层次看,首先是智力之间的,然后才是智力之内的。学习者通过对学习目标的选择和操作来促使自己成为学习环境的积极构建者,所以,社会文化理论很好地阐释了个体与社会、心智与社会互动的理论框架,但该理论也有自己的不足。这些学者还是将话语证据作为理解思维过程的证据,而不是用来建构他们所声称的社会与文化的关系网络。另外,在实际语言学习过程中,语言学习经常发生在多维时空范畴内,单纯依靠社会文化理论不足以科学解读语言学习的过程,还需要借助生态学等理论。

第三节 系统科学理论基础

在 21 世纪,系统工程和系统科学的应用价值及其意义日益凸显出来。作为一门综合性、交叉性学科,系统科学具有一般科学方法论的特点,适合于诸多学科。无论在学术领域还是实际应用领域,系统科学都对其他学科进行不断拓展和延伸,在生态学相关研究中也不断深化,促进了生态学相关理论的完善和发展。

什么是系统科学?系统科学包含哪些理论?严泽贤等学者认为,系统科学是以系统为研究对象、以系统思想为中心、具有横断性与综合性的新兴学科群,它的主要任务是解释一般系统的同构性,即所有系统所需要共同遵守的规则问题(严泽贤,范冬萍,张华夏,2006)。这一概念揭示了系统科学的四个特征:一是以系统作为研究对象；二是以系统思想为中心；三是属于新兴学科群；四是以解决所有系统共同遵循的规则为主要任务。系统科学的组成是什么？苗东升（2010：16）认为：“系统科学中的系统论、控制论、信息论与耗散结构论、协同论、突变论所提出的整体、联系、动态、自组织、非线性、非平衡态的观点带来了思维方式的新变革。其中，系统论、控制论和信息论在系统科学中占有重要地位，作为信息社会的智力工具，也为思政课实践教学提供了新的研究思路与方法，对构建科学的思政课实践教学系统具有重要的理论意义。”系统科学的理论内容为思政课实践教学提供新的研究思路的同时，也为从思政视角来审视大学英语课堂生态提供了新的理论启发。

一、系统论

系统论是系统科学的重要基础性理论，是 20 世纪 40 年代初由美籍奥地利生物学家贝塔朗菲创立的一门研究客观现实系统共同特征、本质、原理和规律的科学。它主张从整体出发，研究系统之间、系统与组成部分之间及系统与环境之间的普遍联系，在解释系统整体规律的基础上，为解决社会、经济、科技等方面的复杂系统问题提供新的理论方法（曾广荣，易可君，1986）。系统论的核心是整体原理。整体原理是指系统只有通过内部要素互相联系，形成整体结构，才能发挥整体功能（查有梁，1993）。我们平时所指的系统的整体性，往往强调的是整体性的功能，这种功能强调的是系统各个要素之间通过某种联系有机互动综合发挥整体功能，但整体性的功能并不是简单的系统组成各部分功能之和，而是要大于各个组成部分功能之和的。这是因为，整体能够有效整合各个组成部分之间的性能，通过重组或者优化促使各个组成部分焕发出整体的效能。这种效能的产生有赖于各个要素之间的有机联系。如果其中任何一个要素出了问题，或者联系不再紧密，整体性能和效应就会遭到削弱，影响系统整体功能的发挥。从系统内的空间布局来看，系统根据各要素的特点促使它们之间融合，并形成了特殊的空间结构，这些构成要素在这个特定的空间内都被赋予了特定的位置，在这些位置上发挥着各自独特的功能。因此，可以说系统功能不仅仅包括了各个组成部分的功能，还包括了形成特定机构后所激发出来的新的功能,这些新的功能也是系统构建的目的。在大学英语课堂这个教育生态系统中,教师、学生等各个组成要素也具有特定的功能,各个要素之间也存在着紧密的联系,这些联系为大学英语这个生态系统的有效运行提供功能保障。因此,在构建大学英语课堂生态系统时也应该从整体理论出发,在确保系统各个要素发挥其基本功能的同时,从整体上综合分析大学英语课堂生态系统的功能和效果,促使各个生态要素之间建立更加紧密的联系和最佳的生态结构,不断实现大学英语课堂课程思政的功能。

二、信息论

美国数学家、工程师香农被认为是信息论的主要创立者。1948 年,他发表的《通讯的数学理论》被看作是信息论诞生的标志。他从理论上阐明了通讯的基本问题,初步解决了信息传播的解码、编码的精准性问题。信息论以数学统计方法为工具,用来研究信息的计量、存储和处理规律等信息传播的基本问题,以便揭示通讯以及控制系统中普遍存在的共同规律,在此基础上探究如何实现信息传输的安全性和可靠性。信息论的产生对人类社会发展的影响是深远的,它为更好地开发和利用信息资源提供了更加有效的方法,带来了信息技术传播的新方法论。正如查有梁(1993:17)所说,"从信息论中人们抽出了有序原理,有序原理是指只有开放、涨落且远离平衡的系统,才有可能是有序的系统"。这里的有序性是指系统本身的层次性。系统的有序性是有前提的,这个前提就是系统的开放和非平衡状态,系统只有在这个基础上才能够与外界进行物质、能量和信息的互动与交换传递,才能在这个过程中实现系统的有序性。从系统平衡态与非平衡态转换过程的视角来看,系统可以通过自身的"涨落"实现从平衡状态或者非平衡状态到一种有序的状态。因此,"涨落"也是系统可以达到有序状态的一种调节方式。从层次上看,系统的有序性体现在结构和功能的有序性上。其中,结构的有序性依赖于构成系统的各要素之间的不同性。由于这些不同赋予了各个要素在系统中特定的位置和空间,并且在这些位置和空间范围内发挥特定的功能,逐渐形成了内在的规定秩序,进而构建了更加有序的结构。但从整体来看,构成系统的各个要素功能是彼此独立的,系统只有作为一个高功能的整体才能突出系统的功能,这要依赖于各个构成要素通过关联和秩序连接在一起并发生作用。根据系统有序性的这个原理,要更好地发挥大学英语的课堂思政功能,有必要首先建立起一个基于健康生态的开放的大学英语课堂体系,使学生在这个健康的教学体系中能够独立思考,与外界实现有效的沟通和互动,不断实现大学英语的课堂思政功能。当然,为了确保这种系统的稳定性和长久性,还需要不断健全和完善大学英语课堂生态的规章制度,保持系统内部的稳定和有序,进而充分发挥课程思政效果。

三、控制论

控制论是用来研究各类系统的调节和控制规律的理论,主要缔造者是美国科学家维纳。他早在 1919 年就开始接触自动控制系统问题,并提出控制的关键是要根据周边环境的变化来调试自己的运动。二战之后,他对自己的理论不断进行总结,1948 年出版了著名的《控制论》,标志着控制论作为一种理论正式产生。作为一种理论,它是用来研究系统中控制和信息过程规律的科学,与许多领域产生交叉,具有很强的应用性。控制论以传统的知识领域为土壤,用自身概念体系相适应的方式来阐述和概括相关理论,在借鉴中不断衍生和丰富,逐渐建立起了自己的概念体系,为不同学科构建了交融的桥梁,逐步形成了特有的表述体系和语言方法。控制论的内容非常丰富,反馈原理被看作是控制论中分量最重的理论,反馈控制是系统控制的基本形式。在现实生活中,环境以及系统内部状态都是不断变化的,随机性强,不确定因素较多。在这样的环境下,对系统的控制往往就是采取一定的手段对系统施加影响。反馈就是在这样的状态下,把信息引入系统的输入端,并对信息的再输入进行影响和控制。反馈可以分为正反馈和负反馈两个类型。所谓的正反馈是系统中反馈的信息与输入信息差过大,导致系统运动偏离目标过大,造成系统不稳定性加大,甚至造成系统的崩溃。所谓的负反馈,则恰恰相反,会对差异性导致的系统偏离目标的行为进行纠正,促使系统达到稳定的状态。也就是说,正反馈通过使系统远离稳定状态,催生内部系统结构发生改变,简言之,它的功能是破坏旧结构,建立系统新结构。负反馈则是对环境内系统要素进行调节,保证系统的稳定性。

因此,大学英语课堂生态教学系统可以利用反馈原理来建立有效的反馈机制,通过控制部分的信息输入与信息反馈调节,实现对大学英语课堂生态实践体系运行的控制,进而实现大学英语课堂课程思政的目标。

随着信息技术的突飞猛进和科技的迅猛发展,系统科学以更加宽阔的视阈深入思想政治教育相关学科,成为指导和强化思想政治教育研究的重要方法论。将系统科学的有关理论和与原理应用到大学英语课堂生态的构建中,深化大学英语课程的育人效果,并不是凭空捏造,而是一种跨学科研究的有益尝试,两者之间的内在关联为这种学科融合奠定了理论基础。

(一)系统科学与大学英语教学存在内在关联性

大学英语教学本身就是一个实践性很强的系统活动,大学英语教师以大学英语知识传授为基础,通过教学活动,有计划地对教学对象进行引导,帮助他们学习大学英语知识,实现其工具性与人文性的学科功能。在这个教学活动过程中,必然存在人与人、人与环境等之间的各种联系与交互。从系统科学的维度进行解释,大学英语教学也是一个相对复杂的系统,这个过程具有典型的系统特征。从整体性来看,大学英语教学是由教学目标、英语教师、学生、教学内容、教学方式与手段等要素互相联系、互相影响的有机整体。从系统的有序性来看,大学英语教学作为一个完整的系统,具有相对完善的结构层次。教学目标、教学内容、教学手段方式、学生等构成要素之间的差异性,使得各个要素在大学英语教学实践中具有特定的位置,并各自在特定的位置上发挥着特定的功能。从系统动态性的特征来分析,学生良好的学习习惯、优秀的人文修养等是在大学不同阶段的教育中逐步形成的,大学英语教学系统能够遵循大学生的语言接受规律及其外部环境的变化趋势,保持大学生英语学习与环境变化之间的动态平衡。从系统的相关性来看,大学英语教学系统内各要素关联紧密,与其他系统也能够并行发展、协调并进,不断地与其他系统在交互过程中互相影响,共同形成大学英语课堂生态教学系统。

(二)系统科学作为一种方法论,对高校大学英语教学的方式方法创新具有推动和借鉴作用

作为一种有效认识和改造世界的方法论,系统科学对改进大学英语课堂生态建设具有典型的工具性功能,对促进大学英语课堂生态重构具有重要意义。使用系统科学相关理论开展研究本质上就是从研究对象本身的系统性出发,将其置于系统的形式中加以考察。大学英语教学是一个相对复杂的微系统,从归属上来讲,它是大学教育大系统的一个子系统,其内部又包含若干子系统。将系统科学的原理和方法移植到大学英语课堂教学实践中,就是从系统属性出发,不断审视系统要素、结构和功能,从而使得大学英语课程思政达到最优化的过程。大学英语教学是一个复杂的系统,运用系统科学的观点与方法可以从整体上了解系统的性质与发展过程,突破传统方法的局限性,为大学英语课程思政研究带来新曙光。

第三章
大学英语课堂的生态性分析

第一节　大学英语课堂生态的相关概念

　　大学英语课堂是教育生态系统中的微观生态系统。对大学英语课堂生态的研究，就是从生态学的视角对大学英语课堂进行观察、分析、阐释、判断、评价、创新以及重构，进而维持和实现课堂生态的动态平衡。因此，有必要对课堂生态的相关概念及其之间的相互关系进行先行理解和认识。

一、课堂的定义

　　《现代汉语词典》（第7版）对"课堂"一词是这样界定的："教室在用来进行教学活动时叫课堂，泛指进行各种教学活动的场所。"这里的"课堂"显然是取其广泛之义，凡是发生教学活动、教学事宜的地方都可以称作课堂，凡是从事教育性认识活动和实践活动的场所都可以称为课堂，没有时间和空间上的严格限定。因此，广义上的课堂，时间不固定，空间上可以涉及学校、礼堂以及家庭。

　　与之相对应的是狭义上的课堂，是学校育人的场所，指在学校中被用来进行教学活动，以传递、转化和建构教育知识为基本手段，旨在让学生掌握知识、发展智力和能力、培养品德并促进个性发展的场所。总结一下,我们可以得到狭义课堂的以下特点。

(一) 具有鲜明的教学时空性

从时间上来看,在规定的时间范围内,师生按照学校特定的课程表,如约在特定的时间段进行教学和学习认知活动或实践活动;从空间上来看,师生按照课程表在事先安排、预定好的教室进行教与学的活动或事宜。正常的教学过程中,教授和学习活动具有鲜明的空间性。

(二) 具有特定的课堂教学内容

课堂中教与学的内容具有较大的特定性。通常情况下,教师遵循培养目标,根据教学大纲,从该学科的人类认识总量中,将反映人类最新认识成果且符合学生认知发展规律和认知思维逻辑的内容筛选出来,并编排、组织、归纳和整合。

(三) 具有既定的课堂教学主体

教师和学生作为课堂的共同主体,他们的存在、状态和主动性,对于课堂活动的有效开展具有不可或缺的作用。他们通过课堂进行彼此的交互作用,其知识结构、认知能力、人文素养和道德修养协同变化、共同成长。

因此,我们可以看到,狭义上的课堂及课堂活动具有较为明显的计划性、目的性、组织性及规范性。本书所要探讨的课堂即狭义上的课堂。

二、国内外对课堂生态的研究综述

承前文所述,随着社会的发展,教育生态学逐步成为指导教师进行教学活动和教学研究的新兴学科,国内外学者进一步向纵深拓展,对课堂生态的研究也日趋丰富与深化。可以说,课堂生态研究是教育生态研究的微观探讨,是生态理念和生态方法论在课堂领域的应用研究。

国外学者对课堂生态的研究开始于 20 世纪 30 年代。美国教育学者 Waller 最早尝试将生态学的相关原理与研究方法运用到教育研究中。他于 1932 年在《教育社会学》一书中首次提出"课堂生态"(ecology of classroom)

的概念,并探讨了课堂教学的社会性和生态性。1967 年,Sommer 在杂志《应用行为科学》上发表了论文《课堂生态学》,深入探讨了课堂座位位置与学生课堂参与之间的关系。随后,Becker(1973)、Levine(1980)和 Stires(1980)等学者都不同程度地研究了学生落座位置与课堂参与、学业成绩、课堂出勤等之间的关系。20 世纪 70 年代末开始,越来越多的学者把视角转向了课堂教师行为的研究。如 Doyle 和 Ponder 从生态的视角分析了课堂环境的复杂性及教师应对复杂性的策略,同时指出了课堂环境对教师行为的影响(陈坚林,2006:7)。Dukes 和 Saudargas(1989)等学者关注了教师评价行为与课堂生态的关系。至此,课堂生态研究成为热点。20 世纪八九十年代,学生课堂行为生态研究尤其是儿童课堂行为生态研究受到越来越多的关注,如 Damico 和 Watson 从生态学视角研究了课堂中小学生的同伴互助关系。Jacobs 研究了学生的勤奋、智慧与其性格、态度之间的关系。Muyskens 和 Ysseldyke(1998)通过对学生的跟踪调查发现,学习高效时刻并不是与每天的某个具体时间紧密相关,而是与课堂生态相关联,由此说明了课堂生态对学生行为效果存在影响(孙芙蓉,谢利民,2006:87)。20 世纪末,课堂生态的研究视角进一步拓展,如从信息生态、系统功能分析及系统复杂性等视角进行研究。

国内学者对于课堂生态的关注起初聚焦在宏观的教育生态学研究上,如方炳林(1975)著有《生态环境与教育》,李聪明(1989)著有《教育生态学导论——教育问题的生态学思考》,吴鼎福、诸文蔚(2000)合著出版我国大陆第一部教育生态学专著《教育生态学》。进入 21 世纪以来,国内对于课堂生态的微观研究逐渐增多,汪霞(2001)的《一种后现代课堂观:关注课堂生态》一文是国内正式刊物上第一篇以“课堂生态”为主题的学术论文。此后国内学者对课堂生态的关注持续增多,如黄远振、陈维振(2010)在其专著《中国外语教育:理解与对话——生态哲学视域》中专门探讨了外语课堂生态,李森(2011)出版了课堂生态研究的专著《课堂生态论:和谐与创造》,重点探讨了课堂生态的理论建构与实践策略,范国睿(2019)在其专著《教育生态学》中进一步探讨了课堂生态的结构和功能。

近年来,有关课堂生态的研究论文数量增长迅猛。除去期刊论文以外,硕博论文的数量也呈明显的增长趋势。笔者仅以"课堂生态"和"英语"为关键词，设置不同的搜索年限，分别为 2013 年 6 月 1 日至 2023 年 5 月 31 日、2018年 6 月 1 日至 2023 年 5 月 31 日，检索到近 10 年的期刊论文 534 篇、硕博论文100 篇，近 5 年的期刊论文 287 篇、硕博论文 52 篇。这足以说明近年来我国学者和教育工作者对课堂生态一直保持高度且持续的关注，同时，也说明在生态文明思想日渐深入人心、生态文明建设日见成效的今天，树立教育生态观，让课堂回归自然、崇尚自主，创设整体、和谐、互动、开放、生成的可持续发展的课堂生态环境，是每一位教育者的追求目标。生态文明建设早已向高等教育发出了呼唤，高等教育只有适应社会和时代的发展要求，不断进行变革与创新，才能更好地实现其促进人、自然和社会的可持续发展与进步的根本使命。但从整体来看，大多数研究论文从课堂物理环境，比如从信息技术、多媒体技术等视角探讨课堂生态的失衡及其重构策略，如张梦娜（2017）、祁春燕（2019）、马季青（2020），几乎无人从社会规范环境之课程思政的视角探索大学英语课堂生态的失衡与重构。因此，本章探讨课程思政观的确立和实施给大学英语课堂生态带来的影响，探索课程思政背景下大学英语课堂生态面临的新问题和新变化，这将有利于优化课堂生态环境，解决大学英语微观课堂生态的失衡问题，进而构建生态化的教学模式。因此，本研究具有较高的学术价值和应用价值。

三、课堂生态与生态课堂

了解了国内外对课堂生态的研究现状之后，我们有必要在这里区分两个概念：课堂生态与生态课堂。课堂生态中的"生态"，表示某物"生存的状态"，具体指课堂、课堂生态系统、课堂生态系统各因子之间存在的状态及其相互关系，"生态"是课堂的内核。因此，课堂生态所体现的是课堂时空维度内各生命体之间及其与内外环境之间固有的实实在在的关联，具有客观实在性，是课堂的实然状态。

相比之下，生态课堂中的"生态"，表示"生态化的"，在这个定语修饰下的课堂即生态课堂，指用生态学理念和思维方式生成、建构起来的课堂，是教学效果最理想的课堂。显然，生态课堂具有较大的主观人为性，强调的是课堂的应然状态。"生态"是课堂的指挥棒、指导思想和方法论。有学者将其详细地描述为,生态课堂从认知领域到生命全域,以生态的思想、态度与方法来观察、思考、分析课堂,以尊重生命的价值为前提,以自然、和谐、高效、互动、有尊严的课堂环境为平台,以师生富有个性、自主、创新、协调、发展为方向,以追求教学质量与生命质量的整体提升为目标(杜亚丽,2009)。

由此,我们可以看到,课堂生态和生态课堂的区别主要在于实然与应然的课堂状态之分。当然,我们也不能忽视两者之间的联系,课堂生态是生态课堂的内容和基础,后者则是前者努力的方向和目标。包括笔者在内的课堂生态研究者皆以某课堂生态状态为实际研究对象,具体探测、观察、分析、总结影响课堂生态有机、平衡发展的因素,包括物质环境、心理环境以及社会文化环境等因素,力求弥补课堂生态的缺失或失衡,探求优化课堂生态环境的策略与模式,构建自然和谐、整体动态、互动合作、开放生成且可持续发展的课堂生态,从而实现实然的课堂生态向应然的生态课堂转化,借此实现课堂生命力的生生不息,实现人全面、和谐的可持续发展。

以生态学的思想、态度与方法来观察、思考、分析大学英语课堂,势必需要对大学英语课堂的生态性进行深刻认识与理解。课堂生态是课堂生命体之间、生命体与课堂环境之间相互作用而形成的关系和状态,那么大学英语课堂的主要因子——教师、学生和环境三者之间是如何相互依赖、相互影响的呢?他们在相互影响、相互作用的过程中呈现出什么样的生态特征、发挥着什么样的生态功能,又遵循什么样的生态规律呢?下节我们将进行重点探讨。

第二节 大学英语课堂的生态内涵

生态学,是研究有机体及其周围环境(包括生物环境和非生物环境)相互关系的一门科学,生态系统是其最基本的功能单位,生物体和环境是构成生态系统的基本要素。生态的基本特征和属性为我们进一步认识大学英语课堂生态的内涵提供了理论基础。

　　课堂生态具备生态系统的普遍特征,但是它又与其他生态系统有所不同。课堂生态是一种特殊的生态。之所以特殊,是因为课堂生态具有自然生态或者文化生态所不具有的、独特的生态主体和生态环境(李森,2011)。作为一个微观的生态系统,课堂生态中的生命体与课堂环境是构成课堂生态的基本要素。课堂生态中的生命体即生态主体是教师和学生,他们是课堂生态中的生物成分;教与学的环境及课堂环境是课堂生态中的非生物成分。这样,课堂生态系统是课堂生态主体在课堂生态环境下的生存与发展状态,是课堂生态主体之间、课堂生态主体与课堂环境之间相互作用而形成的关系与状态,具体而言,包括教师与学生之间、学生与学生之间、师生与课堂环境之间的关系与状态。因此,课堂是一个内容丰富、关系复杂的有机系统。作为生态主体的教师和学生,始终是保持课堂存续生命力的主要因子。师生个体由于具有独立性、独特性、多变性和多元性,自行形成了各自内部错综复杂的关系。同时,师生与课堂生态环境相互依赖、相互影响、协调运动,最终塑造、建构了一个完整的、有机的课堂生态系统。

　　大学英语课堂生态主体可以分为大学英语教师生态群体、大学生生态群体和高校师生生态群体。教师生态群体是相对于学生生态群体而言的。在教师群体内部,大学英语教师个体之间、教师群体之间、教师个体与群体之间存在着各种各样的联系。这些联系可以是物质层面的,亦可是精神层面的,可以是正式的,也可以是非正式的。而大学生生态群体是相对于教师生态群体而言的,在学生群体内部,大学生个体之间、大学生群体之间、大学生个体与群体之间同样存在着各种各样的联系。大学英语教师生态群体与大学生生态群体共同构成大学英语课堂的生态主体,也可以称作大学英语师生生态群体,当然这是相对于大学英语课堂环境而言的。

　　在大学英语课堂上,师生共同合作、相互促进、共同成长,努力追求着生命的本真意义。因此,大学英语的课堂生态必须有助于师生更好地实现生命的成长、内在价值与生命活动价值的提升。具体来说,一方面要兼顾学生英语语言技能的提升、国际视野的扩宽,另一方面要促进学生作为个体的人的综合素质的提升,促进人的全面、可持续发展,包括身心的和谐发展、人文素养的塑造与提高、道德情感的培养与升华等。同时,在整个课堂生态的运行过程中,要实现教学相长,以学生的全面发展促进教师的自我进步,促进教师自身内在价值和生命活动价值的实现,进而促进教师作为个体的人的全面、可持续发展。

课堂生态环境是构成课堂生态的另一基本要素,在不同的参照条件下,它具有不同的内涵,学者也从不同的视角对其做出了不同的分类。有学者从宏观和微观两个维度将课堂生态环境划分为宏观层面和微观层面,前者主要包括学校所在社区、班级成员家庭和学校,后者则包括教室人工自然环境、班级社会组织和人际心理环境(潘光文,2004)。有学者则从以课堂生态主体为参照的视角出发,将课堂生态环境分为三类:客体性课堂生态环境、派生性课堂生态环境和客体性课堂生态主体(张舒,2009)。客体性课堂生态环境指独立于课堂生态主体而客观存在的课堂生态环境因素,也可以称为物理环境,如教室的温度、光线、颜色、课桌的排列方式、教材和教学设施;派生性课堂生态环境指由课堂生态主体派生出来的课堂生态环境因素,如课堂生态主体之间的人际关系、学习风气和管理制度;而客体性课堂生态主体指作为客体性环境因素而存在的课堂生态主体,比如教师的专业素养、人文修养和个性品格,学生的家庭环境、知识储存和个性特征。我们也可以把后两类统称为非物理环境生态因素。由此,课堂生态主体之间、课堂生态主体与课堂生态环境之间通过物质循环、能量流动与信息传递等途径形成有机联系、相互作用、相互依赖的生态链或生态系统。

大学英语课堂生态是民主平等、动态开放、多元合作且和谐共生的。它以知识传授、能力培养和价值塑造为目标,积极努力促进师生的认知、技能、情感、态度和价值观的形成与发展。笔者借鉴和综合以上两位学者的分类,结合课程思政和新文科建设的时代新背景,从高校大学英语课堂生态的现状出发,对影响整个课堂生态系统进行物质、能量与信息的输入与输出的环境因素进行观察、思考和分析,主要以宏观的社会规范环境、微观的教师素养这两个客体性课堂生态主体的角度为切入点。

第三节　大学英语课堂的生态特征

大学英语课堂生态系统,是自然生态系统和社会生态系统的一个组成部分,具有一般生态系统的普遍属性。同时,由于它具有独特的生态主体和生态环境,大学英语课堂生态因此具有有别于自然生态和社会生态的独特属性。课堂生态各因子不断地与外部环境进行着物质、能量和信息的交流,在交流过程中又蕴含着课堂教育教学的特征。

一、整体性与开放性相统一

"系统"一词来源于英语单词 system,指若干部分相互联系、相互作用而形成的具有某些功能的整体。每一个系统中的要素都不是孤立存在的,都与周围进行着各种各样的横向和纵向的联系。我国著名学者钱学森指出,系统是由相互依赖的若干组成部分结合而成的、具有特定功能的有机整体,而且这个有机整体又是它从属的更大系统的组成部分。整体性是系统的最突出特点,构成系统的各个要素虽然具有各自不同的性能,但它们通过综合、统一、整合而形成一个有机整体。这个有机整体具有新的特定功能,换言之,系统只有在作为有机整体的情况下才能发挥出其应有的或潜在的功能。

大学英语课堂作为一个有机的整体系统,固然要符合系统的这一整体性原则。课堂生态系统的师生之间、生生之间以及师生与课堂内外部环境之间组成复杂而系统的有机整体,通过相互依赖、相互促成,进行着课堂系统的物质、能量和信息的输入与输出,在"适应—发展—新的适应、平衡—不平衡—新的平衡、共生—竞争—新的共生"中实现螺旋式前进与发展。因此,作为社会大系统中的大学英语课堂生态系统,不仅要受到课堂系统内部各因素及其相互作用的影响,还要受到课堂系统外部如时代要求、社会需要、社会文化传统、社会思潮等诸多因素的制约与干预。具体而言,大学英语教师立足于时代发展要求这一外部社会规范环境,依据培养目标和教学大纲,对一个或几个主题相近单元的教材内容进行统筹安排、整合后,确定具体的课堂授课内容。大学生据此不断地学习与内化,逐渐促使其自身知识结构更新、专业素养提升、思想品格完善和人文素养升华,从而实现生命的自我成长。与此同时,课堂产出效果得到增强,人才质量得到提升。符合时代发展要求的高质量人才持续不断地产出,以更高能的技术本领和更崇高的使命感作用于社会、响应于时代。同时,课堂生态的高效产出进而以反馈的方式反作用于教师个体,对教师个体或群体的教学行为产生积极的强化作用,有利于教师个体或群体进一步提升自身专业素养、人文素养和道德修养。如此,大学英语课堂实现了教师、学生和环境有机、动态的整体统一发展,实现了课堂生态的整体利益最大化。

大学英语课堂生态系统是一个有机的、相互联系的统一整体,然而,并不否定其自身存在的开放性。开放性是生态系统的另一重要特征。如上所述,英语课堂正是在开放性的发展过程中,通过与外部环境进行物质、能量和信息的交换而进行不断调适,进而实现课堂自身的不断完善与发展的。大学英语课堂的开放性主要表现为课堂生态主体的开放性和课程本身的开放性。课堂生态主体师生的开放性主要是指师生的知识源泉、人际关系、精神世界等与外界是联系着的、开放着的,师生并非"与世隔绝"的,亦非"两耳不闻窗外事"的。课程本身的开放性,主要表现在课程内容的选取、课程目标的制定以及课程自身的实施过程中。首先,课程内容应该源于教材且高于教材,课堂生态系统在坚持教育教学既定目标和发展方向的同时,应根据环境变化不时作出调整,如增加体现时代发展要求的思政元素,将思政元素自然融入课堂授课内容。其次,任何一门课程的课程目标都不是固定不变的,它是随着社会的发展和国家的需要适时作出调整的,体现着社会发展的最新要求和国家发展的长远目标。最后,课程的具体实施过程是开放的,并不是封闭的,师生的思维是发散的,授课过程是可以公布于大众的,比如现在越来越多的在线课程面向全球学习者开放。

因此,大学英语课堂生态在整体性和开放性的统一作用下,不断地进行着知识、技能、思想、价值观和人才的输入与输出。

二、稳定性与动态性相统一

生态系统所具有的保持自身结构和功能相对稳定的能力称为系统的稳定性，又称自组织性或自我调节能力。在不受外力或人为干预的情况下，生态系统各因子通过自组织能力进行自我调适，有效阻挡或化解一定限度的"破坏力"，促使系统的内外物能循环接近或达到生态平衡，从而保持生态系统的自我平衡状态。

大学英语课堂生态系统同样具有自组织能力或稳定性。课堂生态系统的自校稳态机制是基于能动适应外部环境过程而形成和构建起来的，并具有内在渐进的稳态转向机制。外部环境的不断变化，造成课堂生态系统原有的内部结构和功能机制的适应能力下降，为课堂生态系统的自校稳态机制的形成和发展提供了外部推动力；而课堂生态系统内部构成要素之间的角色冲突、功能妨害和互补性减弱则为自校稳态机制运作和演化提供了内部自动力（祖述勋，2009）。大学英语课堂的自校稳态机制即稳定性将知识、技能、思想、价值观、课堂与社会统一到共同的课堂生态系统中，实现了课堂生态系统和社会规范环境的有效衔接。当由社会风气、民族传统、风俗与习惯、社会思潮、艺术、科学技术等组成的社会规范环境的某因素发生变化时，如课程思政成为新时代的课程观、教学观和育人观，原有的课堂生态系统必然也需要适时进行自我内部调整，主动适应社会环境的变化。因此，在课程思政的社会思潮和时代背景下，大学英语课堂生态必然要进行相应的自我调整以维持课堂系统乃至整个教育系统的生态平衡。

生态系统的平衡是指在一定的时空范围内，系统各要素在结构和功能上达到的一种相互适应、相互协调状态。这种状态是相对的，因为系统内部各组成部分之间、组成部分和环境之间始终不断地进行着物质、能量和信息的输入与输出。当生态系统的外界干扰力量超过系统自组织能力或自调节能力时，就会打破系统当前维持的平衡，导致系统结构和功能发生变化，进而引起系统失衡。其后，在人为等外力的辅助作用下，系统进行自身结构和功能的调节，达到更合理的状态，进而实现新的相对平衡。

大学英语课堂生态系统同样是在平衡—不平衡—新的平衡的动态发展中

实现教育教学结构和功能趋向合理化。除了教学资料、支持系统和教学环境等教学资源供应充足之外，教学理念、专业素养、道德修养、价值取向等教学素养也需要与学生的发展需求保持协调状态。因此，课程思政背景下的课堂生态系统根据国家"大思政"和立德树人教育方针政策和教育理念的要求，对以上课堂教学资源进行部分结构性调整，促使各部分结构搭配更加合理，功能发挥更加有效，课堂教育生产力和影响力趋向最优化。如此，才能使课堂教育教学诸要素的运行达到相互适应和相互协调状态。另外，大学英语课堂教学过程中采用的启发式教学法和探究式合作学习，也充分体现了课堂生态的动态平衡性。学生在教师的鼓励下，主动发现问题，通过思考和合作来解决问题，达到课堂的阶段性平衡，然后进入下一个教学环节，在新的教学环节中发现新的问题，再次通过解决问题达到新的平衡。课堂正是在这样动态平衡的发展过程中，引导学生逐步提升认知能力、思辨能力和解决问题的能力。

因此，大学英语课堂在课堂系统的稳定性和动态性的统一作用下，在动态发展中，实现教育教学结构和功能趋向合理化。

三、交互性与共生性相统一

生态系统诸要素之间、诸要素与环境之间无时无刻不进行着物质、能量和信息的输入与输出，这种输入与输出充分体现了生态系统的交互关联性。交互关联性是生态系统得以存续的重要生命线之一。系统各因子只有通过内部之间、内部与外部之间的交互与关联，才能实现相互补充、相互给养，才能实现各因子的优势互补与和谐共存，整个系统才能不断地更新与发展。

大学英语课堂生态系统的更新与发展同样依赖于课堂系统本身的交互关联性。从宏观层面来讲，系统中的生态主体教师个体之间、教师个体与教师群体之间、教师群体之间互通有无、互相借鉴，学习吸收先进的教学理念、教学方法与教学模式，并将积极建构的新知识体系传递给课堂系统中的其他生态个体，从而实现整个课堂生态主体的共同进步。如此，通过交互性关联，生态主体在互动中完成了个体与群体的生命成长。从微观层面来讲，生态主体的生命成长是建立在新旧知识的交互发展之上的。师生原有的知识结构在交互性作用下,会转化为新的认知工具,成为新的知识和技能增长点。同时,大学英语课堂生态的交互性在课堂生态主体的情感上表现也十分明显。具体到课堂而言,教师的上课情绪会非常明显地"传染"给听课的学生。如果教师精神饱满、神采飞扬、慷慨激昂,学生就会聚精会神、热情高涨、深度配合,形成积极、高效、和谐的课堂气氛;相反,如果教师精神萎靡、情绪低落、心不在焉,那么学生的学习与听课情绪很容易被带入一种低迷状态,容易形成消极、低效甚至抵抗的课堂气氛。有学者将这种生态主体之间由交互性形成的课堂气氛称为课堂生态场,教师和学生正是在交互性的生态场中相互影响、相互反馈、共同合作、共同成长的。

共生性是生态学中的另一重要理论,指在同一个生态系统中,一个物种的存在状态以另一个物种的存在状态为条件和依托,某一物种存在状态的变化会直接或间接地对其他物种的存在状态产生影响,即两个或两个以上的物种相互依存、互利共生。李聪明(1989)指出,生态系统中的共生关系表现为两种形式:互利共生和偏利共生。前者指双方的共生关系对彼此的存在和发展都有利,后者则指某一方的存在和发展建立在牺牲他者利益的基础之上。同时,在生态系统中,每个个体或群体都在其系统内部占据着一定的时间和空间位置,即生态位。各生态个体或群体在其相对稳定的生态位上,相互依赖、相互补给、彼此促进,实现互利共生、合作共赢。

大学英语课堂生态系统的生态主体之间同样存在着共生性。同时,在课堂教学中,教师和学生在各自的生态位上直接或间接地影响着他人。师生之间保持着互利共生的关系状态。教师以促进学生的全面发展为目标,从学生的素养背景、知识结构和技能水平出发,制订有利于学生进步与发展的培养方案、授课计划和教学设计,有助于学生生命的成长和价值的实现;学生的生命成长和价值实现体现了教师教授活动的价值,认可了教师个体或群体的生命价值。如此,生态主体双方通过相互影响、彼此促进,保持着课堂生态的可持续发展。同时,师生之间的这种教学相长、互利共生是建立在遵循各自发展的生态位基础上的。教师利用"闻道有先后"的时间生态位优势和"术业有专攻"的空间生态位优势,把握着英语课堂系统的运行节奏,比如教学内容、教学进度、课堂设计。离开了英语课堂系统,他们的生态位也会发生变化。

因此,大学英语课堂的生态主体在交互性和互利共生性的统一影响下,在各自相对稳定的生态位上发挥着有利于他者进步与成长、有利于整个课堂生态稳定循环发展的作用。

四、多样性与平等性相统一

多样性是生态系统丰富性和复杂性的基础。生物多样性是生物及其环境形成的生态复合体以及与此相关的各种生态过程的综合,由基因多样性、物种多样性和生态系统多样性等组成。生态系统多样性主要体现在系统生存环境、生物群落和生态过程中。

大学英语课堂生态系统的多样性主要体现在环境、师生和课程方面。

(一)课堂环境具有多样性特点

目前,虽然国内大部分高校的大学英语课堂都是以大班额教学为主,但是在教学设备、教室桌椅排列,尤其是口语和听力教学智慧教室装备方面存在着较大的差异,这无疑会在一定程度上对课堂教学产生影响。

(二)师生个体具有多样性特点

一方面,教师呈现多样化特征。同样是教授大学英语的教师,由于在专业素养、国际视野、情感态度、年龄等方面存在着明显的多样性与差异性,同一门课的同一授课单元的教学理念、教学素材、教学方法和教学手段也因此会呈现多样性和差异性。教师讲课比赛呈现的多样化课堂充分证实了这一点。另一方面,学生个体也存在着明显的多样性特点。学生的家庭背景、成长环境、知识储备和个性倾向等,使得他们在课堂互动、自主学习、消化反馈、认知和情感的成长度等方面表现出明显的多样性、个体性和非统一性。

(三)课程方面也存在着多样性特点

从宏观上来讲,适用于大学英语教学的教材有多套,比如新视野系列、新世纪系列、新时代系列、新目标系列、新起点系列、全新版进阶系列。教材的侧重点有所不同,授课内容也有所不同,从而形成了大学英语课程教材的多样化局面。从微观上来讲,课程的多样性特点还体现在课程的培养目标除了要跟时代背景和社会发展要求相适应以外,还要考虑到学校办学特色和学生的专业属性。比如以工科专业为主,以土木、建筑学科为特色,工理管文法多学科交叉渗透、协调发展的应用研究型大学,其大学英语教学可以从学校专业特色背景出发,适当增加建筑、商务元素,也可以融合法律和会计的相关知识。这样,同一所大学不同专业的英语课堂呈现出多样化的专业倾向。可见,环境、师生和课程三者的多样性特征塑造了丰富多彩、形态各异的大学英语课堂生态系统。

系统多样性塑造了多样化课堂的同时,也给英语课堂生态系统的动态平衡发展提出了挑战,生态主体要在多样化的课堂中保持平等的共存与发展状态。如同自然生态系统一样,万物皆有按照其本性自然生存与发展的权利,体现了物种的生命平等性。大学英语课堂生态系统中的生命体同样具有生命发展的平等性。在国家教育公平的大环境下,课堂生态的平等性主要体现在课堂教学公平上。每一位学生在课堂上拥有平等的学习权利、平等的学习机会,平等地享受教育资源,并接受来自教师的平等的学习评价。同时,师生作为课堂共同的生态主体,在人格上是平等的,学生是理性的、独立的个体,师生之间是民主的、平等的关系状态。

因此,大学英语课堂生态系统在课堂的多样性与生命的平等性相互作用、相互统一下不断演化,促进生命个体全面而自由地发展。

五、创新性与时代性相统一

如前所述,自然生态系统和社会生态系统依赖自组织能力进行自我调节,以适应内外环境的变化,进而维持整个系统的动态平衡发展。这种由平衡到不平衡再到新的平衡的动态发展过程,对于整个生态系统来讲是在某种内在动力的驱动下实现的更新与发展。这种更新和发展的新局面,即系统在时间、空间和功能上达到了新的稳定状态,从本质上来讲,就是系统自我创新的过程,其动力源泉是系统的某种内在驱动力,根源于系统的自组织能力。因此,可以说,创新性是生态系统得以螺旋式上升与发展的根本动力。

大学英语课堂生态系统同样依赖课堂的创新性来维持课堂的生机与活

力,进而实现课堂生态主体的生命成长。课程思政背景下的英语课堂的创新性主要表现在以下几个方面:教学目标要根据社会环境的变化及时做出调整,学生思辨能力、创新思维的培养恰恰反映了课堂对于创新性的高度重视。教师的教学思维要及时创新,以适应人才培养的要求。教师在教学组织形式上进行创新,如面授课堂和在线教学相结合的混合式教学,可以更好地满足学生个性化学习的需求,更有利于学生由浅入深地进行深度学习。而备受关注的翻转课堂则体现了教与学流程上的创新,教师对于在线课程、慕课等多媒体教学资源的整合利用也充分体现了课堂教学的创新性。此外,在学习评价中越来越多的课堂兼顾形成性评价和总结性评价,采用教师评价、学生互评、学生自评和平台测试相结合的多元评价体系,是突破过去单一评价模式的创新性成果。因此,课堂生态系统正是依靠各个环节的创新能动性,不断提高生态主体的生命成长力,促进健康、知识、情感、意志、人格和价值观等方面的全面成长。

创新引领时代,应体现时代精神;时代需要创新精神,有了创新精神才能开拓出新的时代。英语课堂的创新性与时代性是紧密相连的。大学英语教学的时代性首先体现在《大学英语课程指南》的更新上。从 2007 年版的"大学英语以学习英语语言知识与应用技能、学习策略和跨文化交际为主要内容"到 2017 年版增加了"社会主义核心价值观应有机融入大学英语教学内容",再到 2020 年的最新版鲜明地提出大学英语课程思政的要求,更加明确地指出"外语课程要服务于中国文化,服务于中国文化的传播"。课程指南是大学英语教学的指导性文件,其适应时代发展要求进行的适时更新与调整恰恰体现了英语教学具有时代性,从教师教学理念、培养目标、教学计划、教学内容到教学评价,各个环节都要进行相应的调整以体现时代性要求。此外,从微观课堂教学来看,课堂教学的时代性同样体现在教学组织形式、教学手段的融合等多个方面。比如,传统的面授课堂已经不能满足新时代学生的个性发展要求,信息技术、智能技术的普及对课堂教学提出了前所未有的技术挑战,课程思政的时代精神呼吁教师担负起将专业知识与思政要素有机融合的使命。

因此,课程思政背景下的大学英语课堂生态系统必须坚持创新性和时代性的有机统一,这样才能提高课堂教学生产力,实现课堂生态以及整个教育生态的可持续发展。

第四节　大学英语课堂的生态结构与功能

课堂生态是极其复杂的生态系统,兼具自然生态系统和社会生态系统的普遍属性。结构是系统固有的属性,是系统内部诸要素及其相互组合方式。课堂生态结构是课堂生态系统存在本身,不同的课堂结构或课堂教学要素的组合与排列会发挥不同的课堂功能。因此,对课堂生态结构的认识与研究,将有助于揭示和开发课堂生态功能。课堂生态结构与功能是内在相连、具有因果关系的。

一、课堂生态结构

(一) 结构的内涵

"结构"一词来源于拉丁文,《辞海》中描述为"最初只具有建筑学的意义,一种建筑样式"。我国古代卷宗中也有诸多关于"结构"的使用,如在《朱子语类·卷九四》"比《语》《孟》较分晓精深,结构得密"中义为诗词书画等各部分的组合、搭配及排列,在晋葛洪《抱朴子·勖学》中"文梓干云,而不可名台榭者,未加班输之结构也"为连结架构以成房屋之义,在汉王延寿《鲁灵光殿赋》"于是详察其栋宇,观其结构"中与《辞海》不谋而合,取建筑样式之义。《现代汉语词典》(2012)将"结构"释为各个要素或组成部分的搭配和排列。

"结构"的本质是系统内部要素及其搭配、排列方式。因此,本书中的"结构",指系统内部若干组成部分或若干要素按照一定的关系结合而成的一种架构。它表示事物的存续状态,包含着各组成部分或各要素之间的相互组合、排列、作用、活动及能量信息的往来交流。

(二) 课堂生态结构分析

生态结构是在一定的时间和空间范围内,在各种生物之间、生物群落之间、生物个体和群落与周围环境之间,通过物质、能量和信息的输入、输出的循环而相互作用的统一整体。课堂生态结构具有生态结构的普遍性和特殊性,其本质是一个整体、和谐、互动、开放、生成的可持续发展的课堂生态系统。课堂生态系统的师生之间、生生之间以及师生与课堂内外部环境之间组成复杂而系统的有机整体,相互依赖、相互促成,进行着课堂系统的物质、能量和信息的输入与输出,在"适应—发展—新的适应、平衡—失衡—新的平衡、共生—竞争—新的共生"中实现螺旋式前进与发展。

1. 课堂生态结构构成要素

教师、学生和课堂教学环境是构成课堂生态结构的主要要素,课堂生态结构所要探讨的正是教师、学生和环境三者之间的多元互动关系。在以上三者中,学者普遍认为教师和学生是课堂生态的主体要素。而关于课堂环境构成要素或维度的界定,以往的传统结构观认为主要是指课堂气氛和教室环境。从现代生态观的角度出发,诸多学者见仁见智。Walberg 和 Anderson 把课堂环境划分为结构维度和情感维度,Moos 把课堂环境分为关系维度、个人发展维度和系统保持与系统改革维度,Ellison、Boykin 等人把课堂环境划分为社会或心理关系、教学的核心技术、物理结构及组织程序、纪律和课堂管理、态度观念及期望五个维度(江光荣,2002)。张舒(2009)将课堂生态环境分为客体性课堂生态环境、派生性课堂生态环境和客体性课堂生态主体。李森(2011)等学者将课堂环境分为自然物质环境、制度文化环境以及心理精神环境三个维度。刘长江(2013)将课堂环境分为结构维度、关系维度和文化维度。

本书倾向于将课堂环境笼统地分为物质维度和非物质维度,或称物质要素和非物质要素。前者主要指影响课堂教学的物质环境,包括自然要素、时空要素和教学设施等。其中,自然要素包括学校的建筑、景观、教室的位置、教室的大小、桌椅的排放、阳光、温度、亮度、湿度和通风状况等;时空要素包括桌椅排放、学生座次、课程编排与设置、教学活动安排等;教学设施主要指教学活动发生过程中的各种教学媒介和辅助教学与学习装备,即教具和学具,比如教材、讲义、黑板、多媒体、投影仪、词典、书本、手机、电脑。完善、齐全、与时代同步的物质环境要素是维持良好课堂生态的基础和保障,一方面可以给教师和学生这两类生态主体的生命成长提供更优良的物质条件,另一方面也可以最大程度上满足教师和学生个性和心理的发展需求。因此,改善课堂自然物质环境,为生态主体的可持续成长提供良好的课堂环境是课堂环境建设主体(国家、政府和高校)一直努力的目标之一。

非物质环境要素也可以称为规范环境要素。社会规范环境(normative environment)是人类在社会生活过程中所形成的态度、风气、价值观念等,具体包括社会风气、民族传统、风俗与习惯、社会思潮、艺术、科学技术、宗教等(范国睿,2019)。社会规范环境无疑会对教育和课堂教学产生共时性和历时性影响。因此,课堂规范环境是课堂生态主体在教与学的活动中所形成的各种态度、风气、价值观念、教学理念、育人目标、教学模式、教学方法、班风、学风、心理精神风貌等。

非物质环境要素又可具体分为课堂中的人际关系要素、制度文化要素和心理情感要素。人际关系要素是指课堂生态主体要素之间的交互、多维和协变关系,包括教师与学生之间、教师与教师之间、学生与学生之间各种正式的和非正式的生态关系;具体包括教师个体与学生个体、学生群体的关系,学生个体与教师个体、教师群体的关系,学生个体与学生个体、学生群体的关系,学生群体与学生群体、教师群体的关系,教师群体与学生群体的关系。尊重、信任、合作、对话式的课堂人际关系有助于塑造和谐、平等、自由成长的课堂氛围和给养环境,体现了课堂发展的生态本性和育人育才的生态效应,让教师和学生在融洽畅通的人际关系中实现和谐共振式的生命成长。

"制度文化是介于有形的物质文化和无形的精神文化之间的物化了的心理和意识化的物质。它对主体的社会行为以及价值取向有重大影响,决定人们的行为选择和对事物的评判标准。"(张绍平,1998:56)课堂生态制度文化要素构成了课堂制度文化环境,是课堂生态主体在开展和进行教学活动时共同遵守的、相对刚性的活动规则或方式,对教师和学生的个体或集体行为具有重要的指导、规范和约束作用。因此,规则性是课堂生态制度文化环境的核心特征。它从制度和规则的角度指导、规范、保障着课堂教学活动的有序开展,课堂教学价值观的确立以及立德树人育人目标的实现。课堂生态制度文化环境包括国家和社会层面的具有指导性、纲要性的社会制度,学校层面的教育教学制度和班级层面的班级管理制度。课堂生态系统的动态平衡发展就是在这样宏观、中观和微观的制度文化环境中实现的。同时,课堂制度文化环境还包括影响课堂教学的宗教、信仰、价值、观念、道德情操、习俗,作为课堂教与学行为主体所获得的能力和习惯在内的内隐文化,也有外显的、物化的人工物品和符号化的物质文化(杜亚丽,陈旭远,2009)。因此,从这一角度看,课堂制度文化要素又具有潜在性,比如教师的马克思主义信仰,社会主义核心价值观,立德树人、课程思政的教育教学理念,无不潜移默化地影响着学生的信仰、价值观、认知和情感的形成和发展。与此同时,规则性、潜在性又是在民主性中得以实施和发挥作用的。正如李森(2011)所说,课堂文化制度本身是科学的,符合学生身心发展的规律,给学生提供一种刚性的、明确的发展要求;同时又应该具有人文性,尊重和关怀学生,体现学生在规范和纪律面前的能动性。因此,整体、和谐、互动、开放、生成的可持续发展的课堂生态环境应该"既不为追求效率而异化,又不为盲目自由而失去效率。无效率的课堂是不科学的,无民主的课堂是不人道的。在规范课堂的同时,又解放课堂,最大限度地发掘课堂优势潜力,调动师生的积极性"(金建生,王嘉毅,2005)。

课堂生态中的心理情感要素是确保课堂生态系统可持续发展不可或缺的组成部分。课堂心理情感要素主要是指影响课堂教学活动的教师教学的心理情感状态和学生学习的心理情感状态,两者是相互影响、共生共长的。其中,"教师教学的心理情感主要是指教师的心理意识、角色意识、责任意识,包括教师课堂教学时的言行举止、仪表状态、情绪情感、信息传递、专业素养、教学智慧、人格魅力等"(罗志定,2005:117)。教师是课堂心理环境建设的主体要素,教师的心理情感状态如教师对于所教学科的知识的热爱是培养教师学科情感的重要因素,是课堂心理气氛的重要决定因素,更是促进课堂生态系统中人—教育—环境健康良好可持续发展的关键性因素。教师积极的心理情感状态会创造积极、生动、合作、开放的课堂气氛,有助于调动学生的学习兴趣、提高课堂参与度、激发学生创造性学习的动力,从而形成动态、互动、合作、共生的课堂生态。美国心理学家经过系列研究和多次实验之后得出以下公式:信息的总效果＝7％的文字＋38％的音调＋55％的面部表情。由此可见,教师的心理情感状态对学生的学习效果、课堂氛围和课堂生态环境是至关重要的。

"学生学习的心理情感,包括认知、学习情感、学习态度、学习方法、学习观念、专注程度、合作意识、独立精神、信息交流、参与程度、学习的自我调控等。"(杜亚丽,陈旭远,2009:54)学生学习的心理情感状态与教学效果是成正比例关系的,也是课堂心理气氛的重要因素。课堂心理气氛是指在课堂教学情境的作用下,在学生需要的基础上产生的情绪情感状态,反映了课堂教学情境与学生的关系。它有积极和消极之分。因此,教师在保持自身积极、良好的心理情感状态的同时,要尽可能挖掘教材、教具、教学模式、教学方法等方面的情感因素,调动学生积极的心理情感,克服或抑制其消极心理情感。教师应融爱于教,在与学生进行知识交流、互动教学的过程中融入爱。比如通过肢体语言或面部表情表达等非语言交流方式对学生的鼓励与信任,以此促进学生的情感迁移,带动学生形成积极良好的心理情感状态,进而保持积极良性的课堂心理环境。

凡是系统皆有结构,结构从总体上反映着元素之间的有序性和组织性,它是系统协调或失调的内在依据,是系统能否实现其功能的根本前提(刘长江,2013)。课堂生态结构包含教师、学生和课堂环境三方面的要素。其中,教师和学生是课堂生态的主体要素,发挥着课堂生态中人的主体性作用。课堂环境中的物质要素和非物质要素同课堂生态主体一起维持着整个课堂生态系统的整体性、有机性、多样性、动态性和平衡性。课堂生态系统内的各个要素都不是孤立存在的,而是相互关联、相互作用、协同发展的,在维持课堂生态系统的活力和自我恢复力中发挥着独立而又协调统一的作用。

2. 课堂生态结构类型

如上所述,课堂生态结构由诸多生态因子或生态要素组成,某一个或几个生态因子或生态要素发生变化会引起整个课堂生态结构的组合发生变化。因此,课堂生态结构不是静止的、固定的、一成不变的,而是动态的、过程的、不断演变的。比如,社会规范环境、时代发展需要、教师的教育理念、学生的心理情绪等都会影响课堂知识流和信息流的输入输出方式,从而形成不同的课堂生态结构类型。英国教育专家 Chris(2005)对于课堂结构类型进行了划分。他从众多的课堂系统活动中提炼出六个要素：目标、任务、社会结构、角色、资源以及时间和步调，并在此基础上推演出三种不同的课堂生态——讲授式课堂生态、建构式课堂生态和共建式课堂生态。任何一种课堂生态模式的形成和发展都有其赖以生存的理论文化土壤，正是由于不同理论流派的不断演进才有了不同课堂生态模式的转移与迭代。

讲授式课堂生态模式立足于强调知识的客观性和真理性的客观主义的哲学观点，主张知识是对客观事物和客观事实的一种表征和反应，是外在于学习生态主体的人类认知成果的客观存在。在教学过程中，该模式尤其重视教师在知识传授过程中的主导性作用，教师通过讲授式教学方法的运用、结构化教学内容的设计、单项式信息知识的传递来完成教与学活动。在整个教学活动中，教师凭借对书本知识的优先占有权，扮演知识占有者的角色，把客观知识准确无误地传授给学生，学习主体学习的本质是被动地、静态地、机械地接受这种外在的客观且准确的知识。因此，讲授式课堂生态模式是传统课堂中以教师为中心的单一生态主体的课堂模式，最大的特点是教师的教与学生的学几乎没有交集，教师以知识的权威自居，而学生始终处于被动服从、严重缺乏能动性的状态。

建构式课堂生态模式是建立在建构主义理论基础之上的。建构主义持有与客观主义完全不同的知识观、学习观和教学观。它主张知识是人的心灵意识对整个外在客观事物的积极认知、主动理解和意义建构。知识是主观的、个人性的、情境性的、动态性的，是带有偏见并经过人的价值观念过滤的（周成海，2007）。学生在新旧知识的相互作用中对所学内容进行建构、创造及内化。因此，学生不再处于被动服从的生态位，而是知识的建构者和探究者。学生通过发挥自己的主动性和能动性，积极地将教师传授的理论知识转换成自己的经验和技能，从而提高发现问题、分析问题和解决问题的能力。在教学过程中，建构式课堂生态模式建议教师使用多种教学方法，如谈话法，讨论法，体验式、情景式和探究法，为学生创造更多的自主学习和亲身实践的机会，启发、引导学生不断进行反思、探索和感悟。因此，在建构式课堂中，教师由传统的知识优先权的占有者演变为知识的启发者和引导者，演变为学生的服务者和指导者。

共建式课堂生态模式以学习共同体理论为引领。1995 年,著名教育学家 E. Boyer 首次将"学习共同体"概念迁移到教育教学领域。他主张学校是学习的共同体,理想的学校必须要有共同的愿景,人人平等,彼此能够交流合作,并要受到共同体的规则纪律的约束,气氛是快乐的。学校教育最重要的是建立真正意义上的学习共同体。在这一理论引领下的共建式课堂生态模式强调知识的共享性和创生性,认为知识只有在共享中才会融合贯通,才能创生新生。学习的本质是个体在社会中生存和发展的方式,学习的过程是学习者在生动的课堂教学活动中进行分享和创生的过程。因此,共建式课堂生态模式摒弃了传统课堂模式中的知识本位思想,重视师生共同体的本位生态位。在教学过程中,教师不仅仅是知识的传授者和引导者,更是教学活动中的学习者和研究者,而学生也自然而然地从接受者和服从者转变为学习者、发现者、研究者和创造者。在建构式教学方法的基础上,联合混合式教学法采用线上线下、面授与网课相结合的方式,教师和学生作为现实课堂或虚拟课堂的学习共同体和课堂生态主体,互相尊重、平等对话、合作探究、共同成长。因此,共建式课堂生态是最为理想的课堂模式,符合课堂生态发展规律,有助于师生实现知识、技能和价值观等的生命成长和可持续发展,也正是本书在课程思政的新时代背景下极力探索和追求的课堂生态。

二、课堂生态功能

任何生态系统都是由要素、结构和功能三者构成的复合生命体。其中,要素作为系统的组成部分,表现了系统的层次性;结构是系统内部各要素之间相互联系与相互作用的方式;功能是系统整体与外部环境相互联系时表现出来的特性和能力(何天立,2020)。由教师、学生及环境三要素构成的课堂生态系统是教育生态中的一个微观生态系统,因此也具有生态系统的一般功能,即能量流动、物质循环和信息传递。课堂生态系统的功能就是指课堂生态系统内部各生态要素之间的相互作用或系统整体与外部环境之间的相互作用给整个课堂生态系统带来的有利影响或积极作用。

关于课堂生态的功能,学者们从不同的角度提出了不同的观点。窦良福

（2003）从课堂生态系统内部的物质流动、信息交流和情感交流三个方面进行了分析；潘光文（2004）从课程教材、班级人际关系、班级学习风气和班级管理制度等维度，探讨了课堂生态的滋养功能、环境参照功能、动力促进功能和制度规范功能；张舒（2009）归纳出中介功能、联结功能、促进功能、动力功能和规范功能；黄远振等（2010）则概括为中介与传递功能、加工与建构功能、调整与适应功能和促进与驱动功能；李森等（2011）认为课堂生态的主要功能包括可持续发展功能、系统规范功能、动力促进功能和滋养功能。

在课堂生态系统中，各生态要素之间、各生态要素与内外部环境之间相互作用、相互影响，持续不断地进行着物质、信息、能量和情感的流动，在输入与输出的交流过程中，通过自组织能力使系统各要素在结构、功能、时间维度和空间维度上达到一种相互适应、相互协调的有序状态，进而实现课堂生态的根本内在功能：育人功能。结合前文对课堂生态结构要素和英语课堂生态特征的分析，本书从系统各要素对系统内部结构、内部关系、系统整体以及对外部环境尤其是社会的作用出发，将课堂生态功能分为四个方面：稳定规范功能、代谢演化功能、优化创生功能和给养发展功能。

（一）稳定规范功能

生态系统所具有的保持自身结构和功能相对稳定的能力称为系统的稳定性，又叫作自组织性或自我调节功能，对微观和宏观生态系统发挥着重要的作用。它在抵抗外界干扰、有效阻挡或化解一定限度的"破坏力"，并使系统自身的结构和功能保持原状的同时，引导并规范着系统生态要素尤其是生态主体的行为、变化及发展，由此促使系统的内外物能、流能和信息能循环接近或达到生态平衡。大学英语课堂生态作为一个微观生态系统，它的稳定规范功能主要体现在课堂生态主体即教师和学生身上。一方面，从外部宏观要素来讲，国家的社会主义根本性质、立德树人育人目标、大思政课时代背景、教育教学基本规律以及学校学科培养目标等都会渗透在课堂环境要素中，形成一种强大而无形的约束力，浸润在课堂的文化氛围和心理精神氛围中，稳定规范着教学活动的开展，比如引导师生的思想、规范师生的行为、塑造学生的个性并提升教师的专业和政治素养。另一方面，从内部微观的课堂制度文化要素来讲，班级的管理制度、班规、学风和班风等制度文化稳定规范着班级成员的具体学习活动行为,包括促使学生保持认真的学习态度、对班级制度文化的尊重、对班集体活动的积极参与,增强学生对班级制度文化的主体感和内在感,从而更有利于对课堂生态主体的行为发挥稳定和规范作用,促进生态主体的生命成长。

(二) 代谢演化功能

物质循环、能量流动和信息传递是自然生态系统得以持续生存和发展的动力机制。课堂生态如同自然生态系统,其系统内部各要素之间、内部各要素与外部环境之间的物质、能量和信息的交换和流通也是促使课堂生态系统持续运动和不断演化的动力源泉。大学英语课堂生态系统不断演化的动力来自师生的课堂交互活动以及课堂内部环境与外部环境的交流。师生在教学活动中使用的教具、学具、图书资料、教学媒体等软硬件设施的更换(交流),课程思政教育教学理念的改革和实践,教师对于学习资源的转化与迁移,良好人际关系的维系,积极向上的班级学习风气的形成以及正面的社会期待等都体现了课堂内部各要素之间,各要素与外部环境之间在物质、能量、信息以及情感方面的不断输入与输出。正是伴随着这些知识、技能、信息、情感和价值观的交流与互动,课堂内部产生了知识流、技能流、信息流和智能流,课堂生态主体教师和学生的内驱力增强,课堂生态系统得以良好运行和不断演化。与此同时,课堂生态系统也受生态学物质代谢规律的影响。鉴于英语作为语言学科的特殊性和教学素材多以西方国家为主,大学英语课堂生态系统在进行内外部信息、能量等交流的过程中,要注重发挥物质代谢的功能,去粗取精、去伪存真、由此及彼、由表及里,善于运用辩证的观点。"一方面,在教学中要因势利导,合理开发智力资源,不可只顾眼前,竭泽而渔,正如大面积农田因肥力减退未得到及时补偿而减产。另一方面,还应注意环境影响,由于社会上大量不良信息进入课堂,超越学生自身的防御和抵抗能力,容易造成精神毒害,损害课堂的环境。"(黄忆春,2003)

(三) 优化创生功能

课堂生态结构在发挥稳定性功能的同时,系统各组成要素也在时时刻刻进行着或微观或宏观的重组与优化。网络、多媒体等信息技术的普及,生态意识和生态理念的加强,社会规范环境的与时俱进等打破了原有的相对固定的生态格局,课堂生态逐渐从知识本位向师生共同体本位进行优化。教师和学生在课堂系统的生态位发生了翻天覆地的变化。从时空生态位来看,教师从知识的占有者和权威者转变为知识的传授者、引导者、共同研究者和创生者,学生由知识的被动接受者和吸收者转变为知识的体验者、发现者、共同探究者和创生者;从心理生态位来看,学生参与者和体验者的角色使得学生处于课堂教学活动心理生态位的中心,其能动性和归属感得以进一步提升。课堂生态系统对课堂生态主体从时空生态位和心理生态位的优化能够促使课堂建立学习共同体,师生之间的交流得到优化,形成民主平等、和谐共生的人际关系,进而促进师生个体和师生群体的语言、知识、技能、态度和价值观得以充分地成长和发展。因此,课堂生态系统结构不断优化的过程就是师生生命质量不断提升、生命的创生力不断发展的过程。在课堂系统知识的传递过程中,语言、知识、技能、态度和价值观的成长和发展,是建立在具体的、动态的教学活动中的。教师在教学理念和教学目标的指引下,对教材内容进行加工、改造、总结,重新建构、转化和创生,从而形成符合学生认知、身心和情感发展规律的信息资源。同样,学生在对优质的教学资源进行认知、理解、重构、内化之后也实现了自身知识、技能、情感、态度和价值观的不断发展和创生。如此,生态学理念下的课堂生态系统不断进行着自我优化、自我生产和自我创生的可持续发展。

(四) 滋养发展功能

"滋养"一词义为滋润、养育和培养。春雨滋养着一草一木,自然滋养着万千物种,马克思主义哲学智慧滋养着人类与社会,课堂生态滋养着个体主体和群体主体。因此,促进师生共同成长、和谐共生是课堂生态的根本属性,也是课堂生态最初的、最根本的目标。"构建语文课堂生态,就是要强调平衡、有机、统一、亲和与融洽,从而使教学内部的亲和性、创造性、自主性、生态有机性受到最大限度的重视和得到最大限度的强化。语文课堂生态的创建,就是要为学生提供一个阳光、水分、空气充足的'生态园区'。"(安国星,2005:24)同理,大学英语课堂生态也应该为学生提供一个阳光、水分、空气等充足的"生态园区"。这个"生态园区"的重要生态资源课程与教材对教师和学生发挥着重要的滋养功能。教学生态资源的性质在很大程度上决定着课堂生态主体发展的方向。外语课程思政，就是要通过外语教学内容、教学管理、教学评价以及教师的理想信念和道德情操等将立德树人的理念全方位有机融入课堂教学各环节，以润物无声、潜移默化的形式滋养着学生个体和学生群体，致力于培养既有国际视野又有家国情怀，知中国、爱中国、堪担民族复兴大任的新时代跨文化交际人才。由此，学生实现生命成长和可持续发展的同时，教师也实现了自身的生命价值，师生生命的共同成长进入良性循环，进而达到课堂生态主体的可持续发展、微观课堂生态系统的可持续发展、宏观教育生态系统的可持续发展，实现人—教育—环境的人类社会的可持续发展。

生态系统的结构与功能是生态系统科学的基本范畴和本质属性，任何生态系统无论是宏观层面还是微观层面都具有一定的结构和功能。大学英语课堂生态系统作为微观层面的生态系统，其结构是课堂维持自身整体性及一切功能的内在依据，也是课堂生态系统内部各组成要素（教师、学生和课堂环境）之间在时间和空间维度进行有机联系和相互作用的方式或序列。大学英语课堂生态系统的功能体现着系统内部要素之间、系统与外部环境之间的知识技能、信息智能等的输入与输出，通过发挥稳定规范、代谢演化、优化创生和滋养发展功能，最终实现大学课堂生态系统的根本内在功能：育人。

第四章
课程思政背景下大学英语课堂生态的失衡

　　生态系统中的物质循环、能量流动和信息交流在没有外力剧烈干扰的情况下，处于一种平稳状态。此时，系统各要素在结构和功能上达到的一种相互适应、相互协调的状态就是生态平衡。这种平衡状态是相对的，而且具有暂时性和动态性，正如前文所述，系统具有稳定性与动态性相统一的生态特征。当生态系统的外界干扰力量超过系统自组织能力或自调节能力时，就会打破系统当前维持的平衡，导致系统结构和功能发生变化，系统失去平衡。其后，在人为等外力的辅助作用下，系统进行自身结构和功能的调节，达到更合理的状态，进而实现新的相对平衡。因此，平衡与失衡是生态系统内在的本质属性，是前后相继、彼此联系或不可分割的。

　　"平衡"一词既可以作形容词，也可以作名词。作形容词时，平衡表示"什么是平衡的"，主要探讨平衡的规范、价值和评价；作名词时，平衡表示"平衡是什么"，意在探讨平衡的内涵和意义。平衡的观念和思想体现在各学科当中，比如，物理学上，受力或力矩互相抵消的状态可以称之为平衡；经济学上，当收入与支出相等时，则达到收支平衡；生态学上，平衡表示生态系统的结构和功能，物质、能量和信息的输入与输出都处于相对稳定的动态平衡状态；哲学上，平衡指事物处在量变阶段所显现的面貌，是绝对的、永恒的运动中所表现的暂时的、相对的静止。毛泽东在《正确处理人民内部矛盾的问题》中论断:"所谓平衡,就是矛盾的暂时的相对的统一。"因此,从事物矛盾运动的性质来看,平衡是相对的,体现了矛盾运动中的同一性,失衡是绝对的,体现了矛盾运动中的斗争性。同一性是指矛盾双方的相互依存和相互贯通,它同事物的稳定性相联系;斗争性则指矛盾双方相互冲突和相互排斥,它与事物的动态性相联系。矛盾的同一性和斗争性既相互联结又相互区别,并且可以相互转化。由此,生态系统的平衡和失衡作为一对矛盾统一体,也是相互联系、相互区别和相互转化的。当生态系统的各要素之间保持稳定、协调和有序的关系时,系统处于矛盾的临界状态即平衡;当生态系统受到外界干扰且超过自身调节范围时,打破了原有的平衡,各要素之间处于不稳定、不协调和失序的状态,便出现了暂时的失衡。如此循环往复,生态系统在平衡—失衡—新的平衡中实现自身的成长和发展。

大学英语课堂生态关注生命与环境的平衡,也是在平衡—失衡—新的平衡中促进课堂主体生命的可持续发展。生态平衡为师生共同发展提供了稳定的物质资源和环境保障,是整个大学英语课堂生态系统维持正常运行的重要条件。

第一节　大学英语课堂生态的健康表征

大学英语课堂教学效果不理想、课程思政目标与理想存在差距的重要原因就是大学英语课堂生态达不到健康的状态。大学英语课堂生态的失衡是大学英语课堂生态不健康的突出外在表现形式。大学英语课堂生态有什么样的健康表征? 这些表征有哪些明显的表现形式? 解决这些疑问对于进一步探讨大学英语课堂生态平衡具有前提性价值。

一、生态系统健康的内涵和评价指标

生态系统健康理论是 20 世纪 80 年代末在可持续发展思想的推动下,

对生态理论的创新发展。最早就生态系统健康内涵给出明确定义的是Rapport(1989)。他认为生态系统健康是指一个生态系统所具有的稳定性和可持续性,在时间上具有维持其组织结构、自我调节和对胁迫的恢复能力。Costanza 和 Mageau(1999)对生态系统健康的概念作了如下概述:"健康生态系统是一个可持续的、完整的,在外界胁迫情况下完全能够维持其结构和功能的生态系统。"以上概念都强调生态系统健康所具有的稳定性和可持续性。

肖风劲、欧阳华(2002)等学者将生态系统健康的评价指标分为八个方面:活力、组织结构、恢复力、维持生态系统服务、管理的选择、减少投入、对相邻系统的危害和人类健康影响。目前,对生态系统健康的评价主要是从生态系统的活力、组织结构和恢复力三个方面进行的。在生态系统中,活力是指根据营养循环和生产力所能测量的所有能量,可以根据新陈代谢或初级生产力来测量;组织结构主要指生态系统组成的复杂性,可以对组成成分之间的相互作用和组成成分数量等进行观测;恢复力主要指系统在外力作用消失的前提下逐步恢复的能力,可以根据系统在受到干扰后恢复到稳定状态的能力来测量。

二、健康课堂生态的构成要素和运行机制

孙芙蓉(2012)把活力、组织结构和恢复力这三个评价生态系统健康的主要指标作为解读课堂生态健康状态的三个构成要素,在对三个要素内涵和运行机制进行分析的基础上,对健康课堂生态的整体形态进行了描绘。这给我们认识健康课堂生态提供了重要的理论视角。本书对孙芙蓉的系统理论进行如下解读。

(一) 构成要素

1. 活力要素

孙芙蓉认为,活力包括课堂生态系统中教师和学生通过教学活动所输入的全部能量。其中,能量提供的主体是教师和学生;教师的活动内容包括课前的备课及课堂教学活动的组织、课后教学辅导、作业批改等课堂活动外衍生的教学活动;学生的活动内容则包括学生在课堂活动上的接受与活动、与同学间的学习交流以及作业等课后学习活动。从活动性质上来看,教师的活动性质主要

包括自主性、活动时间、关注面等方面,而学生的活动性质主要包括主动性、专注度以及时间保障等方面。

2. 组织结构要素

孙芙蓉认为,健康课堂生态系统组织结构是课堂生态系统内部师生之间、学生与学生之间因教与学的活动而产生的互相联系、互相作用的方式。在这个系统内,活动主体来自两个方面的关联,即教师与学生、学生与学生;从活动类型来看,主要包括课堂教学与课堂学习、教师帮扶与学生求助、同伴之间的学习互助等;活动性质要用适合度来表示,简单讲就是这个活动中教师与学生两类不同的个体发生联系时彼此符合对方需要的程度,或者说是契合度。这种契合度越高,说明两者之间的需要度就高,教与学的关系就融洽,教与学的效果自然就好。从需求层面看,这种高的契合度能促使教师与学生之间能量流动更加顺畅,路径更为顺滑。在实践层面看,这种契合度主要集中在四个方面——目的契合度、内容适应度、方式适合度以及态度适合度,实际上就是教师与学生两个类型的个体在目的、内容、方式、态度等方面符合对方需要的程度。

3. 恢复力要素

孙芙蓉认为,恢复力是指课堂生态系统受到外界胁迫时能够维持系统结构和功能的能力,或者说是课堂生态系统在外界压力消失的情况下维持自身结构和功能并逐步恢复的能力。教师与学生之间在没有任何沟通障碍且能互相满足心理需求的状态下才能出现理想的课堂生态系统。这种理想的状态在现实中是不存在的,现实中的课堂生态系统总是要面对不同程度的胁迫。因此,这种恢复力就是课堂生态系统在受到外界干扰和胁迫时仍然维持其理想状态的结构和功能的能力。

(二) 运行机制

根据前述,健康课堂生态系统是一个以教师教学活动和学生学习活动为中心,活力、组织机构、恢复力三个要素动态平衡的生态系统。只有三个要素之间互相配合、有效流动才能真正形成动态平衡,构建课堂生态系统需要的稳定性和可持续性,进而构建一个健康的课堂生态系统。在这里,良性的运行机制是这个系统实现稳定和可持续性的关键。

1. 构建活力机制

健康课堂生态系统的活力机制是一个以教师活力机制和学生活力机制为主要内容的多层次系统。在孙芙蓉看来，作为系统中心主体的教师和学生的教学活动受到自身因子和各种环境因子的影响。其中，环境因子又分为微系统环境因子、中系统环境因子、外系统环境因子和宏系统环境因子。在系统运行中，各个系统因子因为自身特点和彼此之间的关系对系统的主体产生各种各样的影响。

2. 构建组织结构机制

组织结构机制包括教师教学与学生学习、学生与学生学习两套机制，其中，教师教学与学生学习机制相对更为复杂。两套机制的共同点在于都受到教师与学生自身性因子、各类系统环境因子的直接作用和影响。不同点在于，在师生关系机制中，师生双方互为微系统环境因子和外系统环境因子；在学生与学生之间的关系机制中，还有来自家庭环境因子的影响。

3. 构建恢复力机制

恢复力机制的构建主要体现在调控的方式和手段上。针对课堂生态系统中所有可能影响教与学活动及师生关系的因子进行调控，使课堂生态系统逐步达到或者尽可能达到理想状态。这种调控力体现在教师和学生两个主体身上，即教师和学生均可以调控自己的行为。这种调控可以分为预防性调控和补救性调控。预防性调控强调的是前置式，要求教师和学生两类主体都对教与学所要达到的目标、方式、手段、效果等进行事前评估，确定一个合理的适合度，以便采取预防性的调控手段提前介入课堂生态的构建；而补救性调控则是一种事后介入，主要针对教师与学生受到干扰后的情况，采取针对性的补救手段，来重新构建健康课堂生态。

4. 构建总体运行机制

这里的总体运行机制强调的是协同机制，是基于活力机制、组织结构机制和恢复力机制的集成机制。在运行过程中，课堂生态的各个要素机制承担不同的功能,发挥不同的作用。活力机制是课堂生态系统的动力机制,提供课堂生态系统运行的内在驱动力。只有激发教师与学生形成教学活动,课堂生态系统才具备生成的前提和基础;结构机制是一种协调机制,只有通过协调才能使教师的教与学生的学达到彼此适合,也只有通过有效的协调才能使教师和学生输入的能量进入课堂生态正常的运行秩序中。但是在现实教学活动中,课堂生态系统运转时总会遇到各式各样的干扰和胁迫,这就必须采取事前或者事后的调节介入,增强课堂生态系统抵御各种胁迫的能力。在这个大的运行机制内,每个要素机制承担的功能不一,正确认识各自的功能和影响方式是所有功能实现的基本前提。因此,从宏观层面,特别是从影响因素的内部特征、外部特征和互相发生作用的方式入手,做好激发、调控和协调工作,才能真正构建高效的总体运行机制。

三、大学英语健康课堂生态的指标和内涵

大学英语课堂具有区别于其他学科的课堂授课特点,比如语言教学内容的不同、学生学习目的的差异、课程评价的方式的不同。但前述的健康课堂生态的基本要素、运行机制等,在大学英语这个具体的课堂生态中均可以得到阐释和解读,这对于进一步探究大学英语课堂生态失衡问题具有重要意义。

(一) 活力指标

活力的指向是能量,是大学英语课堂生态构建运行的动力源头。能量的产生来自教师与学生。从教师来看,能量输入的方式有课前备课、课堂授课、课后辅导。学生输入能量的方式包括课前预习、课堂学习、课后自学和寻求帮助等(李顺英,2021)。

1. 大学英语课程的工具性和人文性价值

大学英语作为大学的一门基础性学科,其语言的工具性以及人文性是这门学科产生活力的内生性功能。在活力指标的引导下,无论是教师还是学生都能产生能量投入的动力。大学英语教师会从大学英语这门学科的特点出发,对课堂教材内容进行合理取舍,引发学生的兴趣,产生良好的心理共鸣,为良好的课堂生态创设融洽的心理场景;大学英语教师充分挖掘大学英语课堂的课程思

政功能,帮助学生更好地树立人生观和价值观,当好学生成长、成才路上的引路人。

2. 大学英语丰富的课堂方式

相对于一般的学科,大学英语具有其他课程所不具有的更加灵活的课堂传授方式。大学英语教师若能把握学科特点,将启发式、灵活性的教授方式带入课堂,就能够进一步激发学生的学习动力和活力。比如,通过观赏外文影片、组织英语角等方式将知识传授与有效的载体融合在一起,既能增强课堂传授的渗透力,也能捕捉学生的学习兴趣,进而增强学生的学习内生力,为大学英语课堂生态进一步赋能。

(二) 组织结构指标

如前所述,课堂生态健康的组织结构指标观测点是教师与学生两类主体的契合度,越吻合,生态运行就顺畅,反之,运行就会遇到障碍。

就大学英语课堂而言,大学英语课堂生态系统的组织结构取决于教与学、大学英语教师与学生、学生与学生、班级大小规模、教学目标和教学手段等各个要素之间的契合度。从大学英语课堂教学的组织来看,大学英语课堂教学在教学资料的选取、教授方式的设计、评价方式的确定等方面都要考虑到学生的英语水平,这是大学英语课堂生态构建应该考虑的重要因素。比如,在英语基础较好的班级,选取难度低的材料可能会使学生厌烦;在英语氛围浓厚的班级,采取全英语的课堂教学可能更会受到欢迎;但是在英语氛围差的班级,课堂教学增加中文补充还是有必要的。总之,课堂教学活动的安排要与学生的英语水平相匹配,否则,教师与学生之间的适应度会受到冲击和影响,构建健康的英语课堂生态就会增加难度。

(三) 恢复力指标

恢复力指标实际上是一种保障性指标,通过外力的保障来消除大学英语课堂生态健康运行中产生的障碍和不利因素,最终恢复大学英语课堂生态的健康状态。在大学英语教学这个生态系统内部,恢复力指标体现在环境保障、管理适度两个大的方面。

1. 软硬环境保障

硬环境主要是指教师、多媒体等物质性要素所构成的客观性环境;软环境则主要是指教学保障服务人员提供的保障性服务。若软硬环境都能保障到位,大学英语课堂生态系统中的胁迫就会减少,系统就能健康运行。比如,大学英语注重学生英语交际能力,在硬环境方面,教师使用小教室进行教学能有效缩短学生与教师之间的距离,有利于创建互动的课堂氛围;多媒体教室要便于接入互联网,便于教师有效组织拓展性教学。大学英语课堂生态的健康运行也少不了软环境的保障。比如,网络运行良好是保障学生顺利开展英语自学的前提,网络经常出现故障就会造成大学英语生态系统受到胁迫,阻碍这个系统正常发挥功能。

2. 适度的管理

从管理学的角度看,适度的管理对于维护一个系统的动态平衡是必要的。管理不足或者过度管理都会影响大学英语生态系统正常功能的发挥。从大学英语课堂生态微系统来看,国家以及学校的相关政策是这个系统的外生系统,这个外生系统会对微系统的运行产生调控作用。当外生系统的调控得当时,就能促进大学英语课堂生态微系统的运行;当外生系统调控过度或者不当时,就会对这个微系统的健康带来不利影响。

(1)宏观层面。《大学英语教学指南》强调:"大学英语课程应根据本科专业类教学质量国家标准,参照本指南合理定位。其教学目标分为基础、提高、发展三个等级,各高校可根据需要自主选择教学目标。"分级确定教学目标的指导性原则有利于各高校根据自身实际情况确定合理的教学定位,这对于构建健康的大学英语课堂生态是有益的。从学校层面看,学校的相关政策也会影响大学英语教师的课堂教学行为和教学投入。比如,有些学校将学生评教与大学英语教师的岗位津贴直接挂钩,这一看似合理的举措为构建合理的课堂生态埋下了隐患,往往会给大学英语课堂生态构建带来胁迫性影响,不利于健康的课堂生态的形成。

(2)微观层面。不少高校对课堂教学普遍实行了学校、学院等多层管理人员的监管和督导。大学英语是一门具有自己特点的学科,过多的不专业性课堂督导会干扰正常的课堂教学,会导致异化教学,影响课堂教学的效果。从大学英语课堂生态健康运行的微观环境要求看,学校管理的重点是要协调好教师、学生、行政三个方面的权责利关系,学校从能激发和调动三方的积极性和主动性的角度来采取适度的管理措施,避免给课堂生态造成不必要的胁迫。

综上所述,大学英语生态系统健康评价的指标包括活力指标、组织结构指标和恢复力指标三个大的指标。健康的大学英语生态系统表现出了活力十足、组织结构协调、运行保障到位、管理适度和恢复力强等典型特征。这些典型特征的实现,既需要大学英语教师和学生之间的良性互动,也需要微观系统和外在系统之间的调试与适应,是内在因素与外在环境因素互相影响和互相作用的动态过程。在认识和分析大学英语课堂生态失衡等问题上必须考虑这些因素,只有这样才能科学认识和评估大学英语课堂生态的失衡问题。

四、课程思政背景下的大学英语健康课堂生态的指标探析

如前所述,大学英语生态健康指标包括活力指标、组织结构指标和恢复力指标三个大的指标。但是,如何在课程思政视角下设立大学英语健康课堂生态指标,除了要从活力、组织结构、恢复力这三个角度来审视外,还应该从课程思政建设的角度加以阐释和分析。《深化新时代教育评价改革总体方案》中指出,要结合外语学科结构特点,确立思政教学、育人能力、育人实效、条件保障"四位一体"指标构架,构建课堂思政教学评价体系、外语教师课程思政胜任力评价体系、课程思政效果评价体系、课程思政条件保障评价体系的英语专业课程思政建设质量评价体系(教育部,2020)。

结合大学英语生态健康指标和《深化新时代教育评价改革总体方案》中的有关论述,笔者认为在课程思政背景下探讨大学英语课堂生态评价指标应该考虑以下四个维度。

(一)大学英语课程思政教学评价的维度

从育人的视角来审视大学英语课堂生态建设,发挥大学英语课程思政的育人功能,应该充分考虑学院之间、专业之间的具体差异,只有在尊重差异性的基础上才能对大学英语的课程育人效果进行评估。只有深耕大学英语课程思政这块土壤,把思想政治教育深度融合到大学英语课堂生态的设计中,特别是教学内容和教学方式的设计,大学英语课程思政的育人效果才会明显。基于此,对大学英语课程思政效果的考核应该围绕大学英语课程教学质量,从大学英语课堂生态构建的基本要素入手,从教学目标、教学内容及教学效果的角度,对大学英语的思政教学质量进行多维度的反馈和评估。

1. 教学目标的评价与考核

要考核大学英语教学的课程大纲、教案等教学材料中是否包含德育教学相关的目标和内容。对大学英语课程教学内容的评估,主要看课程的思政内容供给是否充足,教学内容中是否已经充分涉及价值引领及思想政治教育的内容。

2. 大学英语课堂教学内容的考核

主要看课堂教学各个环节中涉及的专业教学设计与思政元素是否能够有机结合以及结合的方式是否有效等。

3. 对大学英语思政教学效果的评价

在大学英语课堂生态这个大的生态链条中,对思政教学效果的评价是大学英语课堂生态育人的落脚点和归宿,要从学生思政思维能力、个性化发展等方面进行反馈评价。总体上来说,要以大学英语课堂生态构成的基本要素为主线,围绕课堂生态的构建实施课程育人,全面加强对教学过程的管理和调控,将思想政治教育功能融入大学英语课堂生态构建的全流程、全要素。

(二)大学英语教师思政胜任力的维度

《高等学校课程思政建设指导纲要》指出,全面推进课程思政建设,教师是关键。这无疑对高校教师的课程思政胜任力提出了新要求,要求专任教师具备能够做、善于做、乐于做课程思政的本领和技能(唐芳云,2020)。能够做、善于做、乐于做从三个层面对专业教师提出了素质要求:"能够做"指教师要具备基本的课程思政能力;"善于做"倾向于强调教师要具备开展课程思政的技巧和素养;而"乐于做"注重的是教师要怀有开展课程思政的情怀,要具有强烈的责任心和意识。从这个意义上来讲,大学英语教师的课程思政胜任力是摸得着、看得见的,尤其是在大学英语课堂生态这个生态链条上,可以从内容、互动关系、时空、实践与发展等多个维度来建立大学英语教师的激励评价机制。从内容层面看,主要看大学英语教师是否注重从生态育人角度来提炼和挖掘大学英语课程中的课程思政元素和德育素材;从师生互动关系的层面看,主要考察大学英语教师是否在育人过程中注重师生间情感交流以及能否在互动中传授思政内容;从空间层面来看,主要看大学英语教师在大学英语课堂生态这个宏大的空间中,是否善于发现和营造课程思政的教育场景,有效塑造生态育人形态,找准课程思政的切入点;从方法方式层面看,考察大学英语教师能否在课堂内找到将课程内容与思政教育有效融合的方式和方法,通过利用信息反馈有效的途径将思想政治教育渗透到课堂生态中去;从时间层面看,主要看大学英语教师能否从课堂生态场景中抓住信息反馈、要素互动的时机和机遇,提高反馈效度;从发展层面看,主要看大学英语教师能否塑造更加积极有效的课堂生态模态,不断提升自身的素质能力。

(三) 大学英语课程思政效果维度

在大学英语课堂生态教学模式中,大学英语的课程思政功能不仅仅是教师课程思政的过程,也是学生学习的过程,教与学互动,是构成课堂生态的两个最重要的要素。人才培养是高等学校的主要任务,大学英语作为高校的一门基础课程承载着育人的重要功能。学生的素质一定程度上体现出了课程育人的效果。从这个层面看,育人效果的评价与课程思政教学的评价互为支撑。鉴于大学英语的学科属性和特点,可以重点从以下方面来考察大学英语课程思政的效果:一是家国情怀与国际视野;二是跨文化交际能力;三是"讲好中国故事"与"传播中国声音"的能力。

(四) 大学英语课程思政保障维度

课程思政视域下的大学英语课堂生态建设是一项复杂的系统工程,涉及学校的教学、行政、学工等多个部门。只有建立了完善的运行机制,才能统筹调度各方面的资源力量,实现生态要素流动从无序到有序。这些运行保障机制可以从以下方面来考虑。

(1)顶层设计与制度保障。大学英语课程思政建设的出发点和规划是否与课堂生态建设的规划一致?是否从顶层设计开始就充分考虑了长远性和稳定性？

（2）课程资源保障。是否从人员、资金等方面保障了思政资源，建立了思政资源库等教学素材？

（3）团队保障。是否成立了高水平的大学英语课程思政教学团队？是否有具备学科交叉视野的骨干力量等？

（4）环境保障。是否从保障课堂生态运行的基本需求开始，从硬件和软件两个层面提供了环境支撑？在这里强调的是，顶层设计对大学英语课程思政建设具有方向性和指导性意义，也关乎大学英语课堂生态的建设与效果。

第二节　课程思政背景下大学英语课堂生态的失衡表现

在课程思政建设的大背景下，不断挖掘大学英语的课程思政功能，拓展大学英语的育人效果已经成为高校课程思政建设的应有之义。特别是中共中央、国务院《关于新时代加强和改进思想政治工作的意见》和中共中央办公厅、国务院办公厅《关于深化新时代学校思想政治理论课改革创新的若干意见》颁布以来，大学英语课程思政建设也踏上了快车道。应该说，经过这几年的实践，课程思政与大学英语教学不断融合，部分理念先进的高校的大学英语课堂生态被赋予新的时代意义，育人效果得到显著提升。但由于地域和高校之间的差异，各个高校的大学英语课程思政建设并不在同一起跑线上，表现出了不同的发展水平，也凸显出了不少的问题。如果从生态学的角度来审视这些问题，可以得出类似结论：课程思政视角下的大学英语课堂生态仍然处于失衡的状态。根据学者刘长江的观点，我们判断一个教育生态系统处于失衡状态，至少应该出现下面三种状况之一："一是生态系统中的各要素得不到良好发展，其功能难以发挥；二是生态系统中的各要素关系失谐，互相矛盾，信息流通不畅；三是生态系统的整体功能难以发挥，满足不了人们对教育的期待。"（刘长江，2013）接下来，笔者也借助这一理论从"结构失衡"和"功能失衡"两个层面对课程思政视角下的大学英语课堂生态失衡问题进行探讨。

一、结构上的失衡

从系统学看,凡是系统范畴内的东西都有自己的结构,这个世界上不存在没有结构的系统,也不存在没有系统的结构,系统和结构从来就是成对存在。从系统运行的角度看,稳定的系统依赖于合理的结构,结构不合理会导致系统运行的稳定性减弱。可以说,结构是系统元素是否有序的"晴雨表",它是造成系统和谐或者失谐的内因,起决定性作用。从学科的功能定位和现实实践看,大学英语这门课程长期以来形成了自己的平衡状态,特别是经过系统内各个子系统长期教学实践的磨合,较好地发挥了这门课程的实践价值。课程思政建设启动以来,从国家层面到各个学校层面,由于课程思政观念和任务目标的引入和提出,大学英语课堂生态环境因子等发生了动荡,各个生态因子之间的关系也在发生着微妙的变化。我们仍然借助刘长江的理论从构成比例、交互关系两个层面来分析。

(一) 系统组成部分比例失调

一个完整的课堂生态系统是由课程生态主体和课堂生态环境组成的,课程生态的主体主要是教师和学生,但课堂生态环境的范畴要复杂得多,既包括课前形成的环境,比如教室的自然环境、教师的授课水平、学生的学习基础以及教材等,也包括上课中生成的环境,比如师生互动、生生关系,还包括课后生成的环境,如教师课后辅导、班级学习风气。大学英语课堂生态作为一个系统,要有效和谐运行,必然要求系统内部的因子互相影响和制约,大学英语课程思政功能的强化和介入给大学英语生态系统带来了胁迫,必然要求改变原系统中部分因子的运行状态,而如果原有的因子拒绝与课程思政带来的这些系统因子同步变化,就会导致大学英语课堂生态各个组成部分比例失调。课程思政改革推行以来,大学英语课堂生态中最大的变化是课程思政元素的批量植入,造成了思政元素与其他生态元素之间的比例失调,最突出的问题在于其他生态因子并没有与思政元素实现同步变化,致使很多原有的生态因子的调整滞后,不适应这种生态空间的变化。

课程思政自 2014 年提出之后,各高校陆续将课程思政作为新一轮课程改革的风向标和突破口,试图赋予传统的大学英语新的时代价值,不断提升这门学科的育人内涵。课程思政功能的需求催生大学英语课堂生态因子发生显著的变化,为了保持系统的稳定性,必然要求原有的课堂因子作出相应的调整和反应,以便跟上这种变化,来实现新的系统平衡。但是,现实效果与理想状态还存在一定差距,出现了系统运行不和谐的一面。比如,不少大学英语教师教学观念转变不到位,政治素养提升没有跟上,未能有效适应课程思政背景下对大学英语教师提出的更高要求;从学生层面看,学生也没有真正意识到课程思政改革给他们带来的新要求,对新的教学理念领会不到位。由于这些课堂生态因子没有作出系统稳定运行需要的相应调整,课堂出现了课程思政融入课程内容不理想、教师教学理念不同步等不协调的现象。这些现象制约了课程思政功能的发挥,也出现了教学实际与课程思政改革预期不对称的问题。

(二) 交互关系的失衡

课程思政要求在大学英语课堂中的介入,不但改变了大学英语课堂生态系统中原有的结构比例,导致组成结构的平衡性改变,而且造成原系统中各个子系统之间的交互关系出现了不和谐问题。这些不和谐问题存在于大学英语生态教学构成要素的教师、学生、教学模式、课程教材、空间布局等各个部分,失衡问题成为贯穿于大学英语课堂生态各个层面的一个焦点问题。

1. 大学英语课堂生态主体之间的问题

在大学英语课堂生态的构成要素中,生态主体是核心构成,这种主体地位体现为教师与学生、学生与学生、教师与教师之间的交互存在。在传统的大学英语课堂生态中,和谐的师生生态体现为课堂交流的顺畅、教学目标与理念的统一、和谐的课堂关系等。但在课程思政大背景下的大学英语课堂生态中,这些师生和谐的关系不断受到干扰,造成了师生在课堂生态上的种种紧张局面,主要体现为师生目标和理念的错位。在不少学生看来,大学英语是一门工具性课程,学习目的是获得其应用性和实用性,这是不少学生对大学英语课堂的功能型定位;但在课程思政背景下,教师组织大学英语课堂教学除了发挥大学英语的工具性功能外,还要将思想政治教育的元素植入到大学英语课堂的课程教学中,加上学生对思想政治教育课程固有的心理期待,造成了师生课程目标出现错位,甚至学生会认为教师在大学英语教学过程中进行思想政治教育是一种时间上的浪费。这样就导致了师生在教学目标上比较难达成一致。

在大学英语课程思政建设过程中,由于教师对课程思政教学的把握能力和水平存在差异,在驾驭课程思政课堂教学上有时候存在过度思政的问题,而这种行为可能会引起学生的不适甚至是反感,进而造成师生之间的交互性不够。如果教师在教学中过度强调思想政治教育,忽略了有效的方式和方法,会从根本上削弱大学英语课程的价值。另外,大学英语教师之间、学生与学生之间在课程思政背景下也出现关系紧张的情况,主要原因在于不同的教师主体和学生主体对大学英语教学的课程思政功能有不同的看法和见解,导致出现不同的态度、不同的教学方式和不同的学习行为,在理念、方式等方面出现了"积极应对"与"消极对待"的矛盾。这种矛盾的延伸和渗透,阻碍了大学英语课堂生态的发展。

2. 教师与课程思政理念问题

大学英语教师在课堂生态中的主要职责是通过课堂授课将知识传授给学生。知识传授的过程在课程思政背景下融入了思政元素,如果这种融入的方式、方法、效果不好,就会给和谐的课堂生态带来不利影响。

(1)课程思政要求与大学英语教师政治素养之间存在矛盾。以育人为目的的课程思政建设是一个系统的工程,在推进这个工程过程中,教师主体作用尤为重要。现实情况是,一方面,从事大学英语教学的很多教师未受过系统的思想政治教育,没有全面掌握思想政治教育的内容体系。在这种情况下,不少教师的思想政治素养远远满足不了大学英语课程思政的需要,造成了课程思政需求与教师供给不足的矛盾比较突出;另一方面,大学英语课程思政建设不是简单地将大道理生搬硬套到大学英语课程素材中,需要借助合适的方式和技巧,不少教师驾驭这种思政课程的能力还不够强,自身思政知识储备不足,造成了部分教师与课程思政的要求不相适应。

(2)大学英语课程思政的教学理念与传统教学理念有冲突。课程思政背景下的大学英语课堂生态注重对学生的引导,强调师生积极互动,积极营造育人的生态环境,引导学生树立正确的世界观、人生观和价值观。但在现实课堂中,有不少教师仍然坚持以自己的教学方式为中心,没有将课程思政的育人使命很好地融入课堂传授中去,甚至在有些教师的课堂上找不到一点思政的影子。这样就造成了一部分教师一直游离在课程思政教学改革之外,缺乏积极开拓进取的精神,也就很难融入大学英语生态运行环境中,人为地制造了课堂生态障碍。

3. 学生与课程思政融合问题

学生在大学英语课堂生态中的主要角色是知识的学习者与发现者。在课程思政课堂生态系统中,学生是这个系统的客户群,他们的态度将关系到这个生态系统运行的效果。学生学习大学英语的首要出发点是掌握这门语言的工具性功能,用这门工具去帮助他们认识和改造世界。在他们看来,大学英语不是一门思想政治教育课程,他们的思想教育更多地应该靠思想政治理论课程来实现,这就造成了有些学生对大学英语课程思政教学有抵触或者戒备的心理,不能以正向姿态去接纳大学英语课程思政功能。这种抵触或者戒备的心理状态在大学英语课堂这个生态圈内,必然会造成教学目标、教学效果与学生之间的关系不谐,影响课堂生态的正向趋向。

4. 教学方式与课程思政融合问题

在大学英语课堂生态中,教学方式是服务于教学目的的特定的生态空间结构,教学方式一般都体现了教学理念,能帮助教师顺利实现教学目标。在课堂生态环境中,教学方式属于环境因子范畴,对教与学的活动会产生比较重要的影响。传统思想政治教育的教学方式相对单调,这就使得如何将课程思政与有效的教学方式融合成为一个值得认真探讨的问题。

（1）大学英语课程思政沿用了传统思政课的模式。从实践层面看,部分学校认识到开展课程思政教学的重要性,通过采用信息化手段、加强师资培训等方式不断完善大学英语课堂生态的环境因子,但现实情况是,不少教师将大学英语课程思政功能简单化,认为将思想政治教育的某些内容穿插在英语课程授课中就是课程思政教学,没有从理念上充分认识到课程思政有效实现的方式;从学生层面来讲,即便有学生认识到大学英语课程思政的教学目标和任务,但也是在心理层面认为其与普通的思政课一样,大学英语课程思政的影响力远远没有渗透到学生中间来。

(2)在课程思政视角下,大学英语的课程思政优势未能显现出来。大学英语作为一门应用性的、人文特色鲜明的课程,实际上具有开展思想政治教育的独特优势,比如中西文化的对比认知、对中华优秀传统文化的探索与对外传播等都是很好的开展思想政治教育的资源,但是现实中,这些资源没有得到充分的挖掘和利用。一方面,学生挖掘思政元素的能力和积极性不高,未能在大学英语课堂教学与课程思政要求之间形成有效互动。另一方面,教师的教学督导、教学效果评估反馈等配套手段没有及时跟上,造成师生之间缺乏必要的互动和情感交流,难以保证学习的效果。

5. 教材与思政元素融入问题

在大学英语课堂生态系统中,教材属于信息媒介,它是开展思想政治教育的信息载体。在以课堂教学为主要生态空间的大学英语生态教学中,教材发挥着中枢作用。现实情况是,各高校使用的大学英语教材基本还是传统意义上的英语教程,对思政元素的专业融入与设计体现得不够明显。尽管课程内容在编排设计的时候可能考虑了思政元素的切入问题,但体现在教材上的思政元素还是比较少的。在这样的环境下,如果教师对教材与课程思政的融合驾驭能力不足,学生对课程思政的重要性认识不到位,作为课堂生态主体的教师与学生必然会交互不够、情感交流匮乏,大学英语课程思政元素的挖掘就显得较为困难。还有一种情况,如果有些教师和学生把这种相对传统意义上的教材当成信息的唯一载体,教材就成了学生输入信息的唯一渠道。在这种以教材为中心的大学英语课堂生态中,教学内容缺乏吸引力,教学方式又比较僵化,会让课程思政教育功能成为摆设。所以,适当开发具有更多思政元素的大学英语教材对于在课程思政背景下构建和谐的师生关系是非常有必要的。

6. 教学评价与课程思政的协调问题

教学评价是大学英语教学的一个重要环节,离开了教学评价,教学就失去了真正的意义。组织开展合理有效的教学评价能够为师生提供双向反馈信息,帮助教师与学生及时调整各自的行为。课程思政为开展大学英语教学评价增添了新的视角,但在现实实践中,很多学校都没有将思政教育列入大学英语课程评价的相关指标体系中来,导致出现了教学评价与课程思政不协调同步的问题。

二、功能上的失衡

系统的每个组成部分都具有自己的功能,一个完整的系统就是一个完整的功能组合体。在对大学英语课堂生态结构进行分析的基础上,笔者参考刘长江的分类法,也从系统各要素对内部结构、内部关系、系统整体以及外部环境所产生作用的情况,总结为三个功能,即优化结构、调和关系、促进演化的功能。这里的失衡就表现为上述三个功能的弱化。

(一) 结构优化的弱化

系统是由一些元素聚合在一起,通过互相作用、互相关联和制约形成的结构综合体。这些系统构成元素之间的互相作用力,引导各个元素不断进行自我调节,最终使各个元素达到一定的稳定状态,从而实现元素之间的和谐相处,这实际上就是系统的自组织能力。课程思政背景下的大学英语课堂生态出现了结构优化功能的弱化和衰退。课程思政改革之前的大学英语课堂生态处于相对平衡的状态,课程思政改革提出后,课程思政成为大学英语改革的一个助推力,成为大学英语课堂环境因子中一个主导因子。这个因子的出现打破了原有的大学英语课堂的生态平衡,一定时间内超过了系统本身的修复能力。它所产生的作用力也要求课堂生态中其他因子跟上这种变化,不断地进行自我调节,但是这种自我调节和调整往往需要一个比较长的时间周期,短期内难以维持大学英语课堂生态原有的系统结构功能。

(二) 调和关系的弱化

大学英语课堂生态中调和关系的弱化主要体现在两个方面。一是理想的改革力度与实际不一致。近几年来,受课程思政改革大背景的影响,大学英语的课程思政改革不可谓不大,向教师、学生等大学英语课堂生态的主体提出了更高的素质要求和能力要求,但教师和学生由于受种种因素的制约,他们身上所体现出来的素质和修养还不能很好地适应课程思政改革的新要求,导致理想与现实冲突的境遇还时有发生。比如,从教师层面看,高积极性与低能力之间的矛盾在短时间内很难有效解决。二是传统理念与改革理念的不协调。现实中,不少教师和学生对大学英语仍然坚持原有的课程功能定位,对这门课程原有的教学观、学习观等持高度认同的态度,对课程思政这个新鲜事物并没有完全接纳,以至于学生对教师在课堂上的很多做法不能正确理解。当然,在实际中,上述这些复杂的关系不一定是同时出现的,也不一定发生在同一个空间,但整体上看,这些不和谐的关系会在一定程度上体现在大学英语课堂生态的某个方面。目前来看,这些不和谐关系还不能通过系统内部的自我调整来全部解决。

(三) 促进演化的弱化

系统中三个功能是存在逻辑关系的,相辅相成的,从结构上的优化开始递进到关系的协调。结构优化和关系协调是系统演化的起源。从营养结构看,生态系统具有物质循环、能量流动和信息交换三个功能。课堂生态系统是一个微观生态系统,在这个系统内交换的信息是大学英语知识,流动的能量是教师与学生通过组织开展教学活动所输入的能量,系统内循环的物质可以认为是外部环境输入的条件性因子,比如教学工具、教学设备。在课程思政教学模式推动下,大学英语生态系统被推进到一个非平衡地带,如果系统能够在这个新地带通过自我调节达到新的平衡,就完成了一次蜕变和演化。但是如前所述,大学英语课堂生态系统还存在不少结构上和关系上的不和谐因素,系统尚不具备短期内自我平衡的能力,因而难以完成系统的演化。从营养功能看,系统内各种关系的失衡影响了师生之间的交互,导致输入系统的能量减少,系统内部驱动力不足,解决不了系统的非平衡状态,要加快推动这种转化,必须从解决系统的内部动力问题下手。

第三节 课程思政背景下大学英语课堂生态失衡的原因探究

在大学英语课程思政背景下,大学英语课堂生态系统出现了失衡,表现为系统组成部分的比例、系统内部功能的失调等。造成这种失衡的原因既有系统内部各个构成要素之间的互相作用,也有外部环境对系统造成的影响。笔者认为,课程思政背景下大学英语课堂生态的失衡最初的推力是外部系统因素的影响。这种外部系统的介入既有来自国家教育主管部门的政策原因,也有来自学校作为大学英语组织实施主体的操作层面的原因。接下来,笔者将借助耗散结构理论、系统论等相关理论来阐述课程思政理念的介入对大学英语课堂生态系统整体平衡性的影响。

一、大学英语课程思政理念对耗散结构的形成作用不显著

在课程思政改革提出前的很长一段时期内,大学英语无论是课程教材使用、教师课堂教学组织方式还是学生在大学英语课堂上的学习习惯等,都已经比较稳定,也可以说,整个大学英语的课程系统已经达到了一种比较平衡的稳定状态。这种稳定状态的长期运行,也使得大学英语课堂生态衍生出了惰性,以至于跟不上时代发展的需求。2014年,教育部对课程思政建设进行全面启动,大学英语作为高校中一门基础课程也在这个背景下被赋予新的使命与职责,从某种角度来看,这种新的使命与任务会打破大学英语课堂生态原有的惰性,激活原来的"死水",为原来生态平衡系统外构建新的系统平衡带来生机,应该说是机遇。但是,大学英语课程思政理念及任务的赋予,能否激起大学英语生态系统的觉醒,值得认真研究。

耗散结构理论是比利时科学家普利高津在1967年提出的,他因此获得了诺贝尔奖。"耗散结构理论的研究对象是开放系统,而宇宙中的各种系统,不论是有生命的,还是无生命的,实际上无一不是与周围环境有着互相依存和互相作用的开放系统,无论是在物理学、化学、生物学、地学、医学、农学、工程技术,还是哲学、历史、文艺和经济等方面。"(马寅初,1996:123)耗散结构最核心的观点就是强调在一定的非平衡条件下,可以通过自身演化在远离平衡的区域从无序状态自发演化成新的有序状态的一种结构。大学英语教学是社会系统的一个分支,具有开放性系统的特征,从这个层面看,大学英语课堂生态系统要受到诸多外部环境的影响,包括国家的政策、课程内容体系、社会期待评价等。

课程思政这一改革理念深入大学英语课堂生态系统中,使这个原本稳定的生态系统发生了变化。课程思政理念的实现必然要求大学英语教师、学生、教学方式、课程评价等都要做出相应的改变和调试,换言之,传统的大学英语课堂生态被打破,已有的教学场景被引入一个师生都相对比较陌生的环境,系统内原有各种稳定的状态及功能都出现了不适。在这种不稳定的状态下,如果原有的系统内主导因子,特别是系统主体教师和学生能够继续发挥在原有系统中的强势作用,会引起系统内各种生态因子的涨落,这种变化有助于彻底打破原有系统的稳定性结构,为形成新的课堂生态结构创造条件。这种新型耗散结构一旦形成,就标志着新的师生关系、教学模式、角色定位等能够在新环境内达到一种新的平衡。

通过几年的实践可以看出,大学英语传统课堂生态的原有力量还是比较强势的,体现为大学英语课堂生态中的诸多现象留有原来传统英语课堂生态的种种印迹。比如,从教师层面看,以课程思政为核心的教学理念还没有深入人心并内化到教学设计、课堂组织等;从学生层面看,学生对大学英语的期望还聚焦在工具性课程,满足于通过四、六级考试,满足于考研等功利性需求;从学校层面看,本着求稳心态,多数学校仍然将大学英语作为基础课程来设计和定位,即便外在有课程思政形式的包装和设计,但内部和核心层面并没有将课程思政内化到具体的人才培养方案中。所以,无论是从课程主体的教师和学生看,还是从客观环境因子看,这些传统的课堂生态因子的状态都给课程思政带来了很大的阻扰,导致课堂生态系统暂处于新的平衡区与原有状态之间的中间地带,新系统结构没有形成,原有的系统也没有重新回到原有稳定的基点上,导致系统处于三种力量的胶着状态中。

二、大学英语课程思政理念对协同作用影响力有限

任何一种稳定的系统内部都存在自动形成的,确保系统朝着一个目标移动的合力,即协同作用。在协同理论看来,系统内的各元素之间总是处于有序或者无序运动状态,不稳定的因素会把稳定的因素进行拖拽,一直拖拽到想要到达的目的地。在这个运动的过程中,在外部条件得以改善的情况下,系统内的协同作用就会得到加强,朝着目的地运动的动力就会增加。在达到临界点后,如果促使朝着目的地的协同力量能占到主导地位,集聚力会瞬间得到强化,从而引发系统新的不稳定,以至于产生稳定的新结构。

大学英语课程思政改革后,课程思政的理念和实践也促使大学英语课堂生态发生了显著的改变。在这种改变中,系统中的各种因子产生了互相作用。这种互相的作用是复杂的,既有同向的,产生协同作用,也有反向的,产生抵耗作用。无论是同向还是反向,这些作用力促使系统内的运动处于由无序到有序、由有序又到无序的反复状态,这种从无序到有序的转化往往需要充足的时间来保障。由于系统本身具有较强的自组织能力,系统在空间内自由运行的过程中,如果时间达到饱和点,总有机会被课程思政这个元素牵引到一个新的稳定点。从目前看,尚未形成这种新的稳定点。原因就在于课程思政引力尚未与系统内自由运行的其他因子形成足够强大的协同作用,并最终在临界点爆发合力,致使系统发生突变形成新的耗散结构。课程思政之所以无法与系统内其他因子短时间内形成协同作用,原因至少有三点:一是时间积累不够,自 2014 年课程思政建设大规模启动以来,由于外语学科特点,课程思政建设的顶层设计、目标路径等一直处于摸索中,成功的可复制的经验尚不多;二是课程思政改革对大学英语教学改革的引导力还不够大,大学英语课程思政建设的整体推进比较慢,这个改革给大学英语课程改革形成的冲击力还不够强大,尚未对原有的课堂生态进行颠覆;三是在大学英语课堂生态系统中,其他系统因子的反向作用力大于正向作用力,导致最终形成的协同作用力量不够强大,系统内的其他因子并未与课程思政的目标相向而行。在这种情况下,如果要加快原有课堂生态系统的突变,营造新的动态平衡,就必须进一步加强课程思政对大学英语课堂生态的引领力,进一步营造与其他生态因子同向同行的氛围。

三、大学英语课程思政理念的导入导致系统信息流通受阻

在信息论看来,构成系统的各要素之间、系统与局部之间、系统与环境之间靠着互相联系和影响来实现系统的稳定,这种稳定最终靠的是信息的交换与加工。课程思政理念引入大学英语教学中后,原有的课程资源被拓展,大量思政元素资源通过各种途径和方式被植入课程教学的各个环节中,大学英语的思政资源得以空前的扩充。但从系统运行的机理来分析系统运行的过程,大学英语生态系统的顺利运行不是仅仅依靠丰硕的内容资源,更为重要的是课堂生态系统中各个因子所共享的维持系统运行的其他支撑系统,比如课堂授课的方式,师生互动的场景,师生的沟通场景及沟通状态、效果。也就是说,衡量大学英语课堂系统是否顺畅,不是看内容资源是不是足够多,更多的是要看传输这些资源的手段是不是丰富、传输的效果和质量是不是好。从实践层面看,大学英语课程思政改革实施以来,单纯从思政角度来看,学生与教师围绕这个视角的交流机会不多,也就是说教师从学生那里得到的反馈信息少,造成课堂生态的信息流通受到影响,教师无法从学生层面得到足够多的信息进行课程思政教学改革,师生之间的有效情感互动交流也会受到影响,从而导致课堂生态系统出现不健康的状态。

四、大学英语课程思政理念诱发大学英语课堂生态系统输入与输出的不平衡

生态系统平衡的一个重要指标就是系统能量的输入与输出处于相近状态。大学英语课堂生态平衡的过程就是一个课程资源配置的过程,包括系统内部的生产过程和课程成果在社会系统中被吸收和分配的过程。课程思政改革渗入大学英语课堂生态系统中后,给原有稳定的课堂生态系统带来冲击,系统内各部分的比例和各种关系出现失衡,自然就会导致信息输入和输出的不平衡。我们可以从教学资源、教学过程以及教学产生的社会影响三个层面来做分析和对比。

(一)教学资源配置方面存在失衡

自课程思政建设改革启动以来,大学英语课程思政改革也挤上了这趟高速

行驶的"课程改革列车"。首先是得到了各级教育行政主管部门的高度重视,无论是大学英语课程思政硬件建设的投入,还是塑造新的课程生态教学所需要的环境改造,不少高校都投入了不少资源。不少学校也围绕大学英语课程思政建设成立研究中心等专门的研究机构。但硬件的投入和改善并没有引起相应的软件建设、管理的同步跟进到位,造成课程思政投入与产出没有成正比,资源输入与输出失衡。在教师队伍建设方面,也存在输入与输出失衡的问题。课程思政建设改革对从事大学英语教学的教师提出了更高的要求,这些要求主要包括教师政治素质能力、课堂教学与驾驭能力以及这种形势下与学生的信息沟通交互能力等。在这种形势下,围绕课程思政改革给大学英语教师的专业培训明显不足,这就造成了师资建设的投入与输出不平衡。

(二) 教学过程中的输入与输出不平衡

课程思政模式下大学英语教学过程的组织改变了传统大学英语教学的模式与方式。从输入角度看,除了大学英语原有工具性功能的课程内容的输入外,大学生成才成长的思想政治教育内容也通过各种方式植入课堂教学中,信息输入的资源比原来更加丰富,学生接受资源的广度和深度得到拓展;但是从输出的角度看,尤其是学生接受角度看,由于教师教学方式单一、简单组织等局限性,融入了思想政治教育元素的大学英语课堂并未让学生充分领略到大学英语课程思政改革带来的兴奋点,学生仍然抱着一种对待传统思政课的态度来看待大学英语课堂思政的组织教学,甚至还抱有一定的抵触情绪。这种情况下的输入与输出自然无法达成平衡。

(三) 从改革产生的社会影响力看, 也存在输入和输出的不平衡

从大学英语这门课程的定位和功能看,课程思政改革并没有改变这门课程的基础定位和功能。各种思政元素的融入旨在强化这门课程的育人价值,但开设这门课程的初衷和定位没有改变,学生对这门课程的心理期待也没有发生根本性的变化。课程思政功能的设计为大学英语的课程资源、教学方式等带来创新元素,学生也能够从中受益。但是从社会角度来衡量学生大学英语水平的标尺没有发生变化,无论是全国大学英语四、六级考试还是研究生入学英语考试,考核的结果还是以实际的分数为依据,思想政治教育的融入并没有提高分数,

学生英语学习成绩的好与坏最终还是要归结到英语教学本身上来,还追溯不到课程思政这个理念性的指标中。

总之,上述三个方面的输入与输出不平衡问题互相作用和影响,必然会影响到学生英语课堂生态的总体平衡,导致系统不平衡状态的出现。

第五章
课程思政背景下大学英语课堂
生态的重构

　　有别于传统的生物样态,大学英语课堂生态属于人工生态系统,但具有自然生态的共同特征,比如构成大学英语课堂生态的各因子之间互相影响和制约,并在各自的生态位发挥各自的作用和独特效能。但是在当前情况下,由于种种原因,课程思政背景下的大学英语课堂生态还处于一种非平衡的状态。这种状态下的生态位结构也不尽合理,系统功能也没有充分地发挥出来,导致大学英语课程育人的功能凸显不够。本章笔者将进一步探讨重构课程思政背景下大学英语课堂生态的价值意蕴,并尝试运用生态学、系统学等学科相关理论,阐述大学英语课堂生态重构的原则、路径等,期待重构大学英语课堂生态。

第一节　课程思政背景下大学英语课堂生态重构的价值意蕴

　　在课程思政背景下研究大学英语课堂生态重构,首先必须正确认识思想政治教育在大学英语教学中的重要地位和价值引领作用。大学英语课程是培养学生国际视野的重要载体和平台,而思想政治教育是中国特色社会主义高等教育中的必修课,其重要性不言而喻。

一、课程思政背景下重构大学英语生态的必要性

大学英语作为高校课程体系中设置时间最长、覆盖范围最广的基础性公共课程之一,是学生接触西方世界、正确认识西方文化和社会形态的重要途径。在大学英语课堂中融入课程思政的相关内容,围绕立德树人的重要使命,对学生的世界观、人生观和价值观等产生潜移默化的影响,有利于促进学生的全面健康发展,也有利于大学英语教师更好地履行育人的历史使命。

(一) 有利于更好地贯彻落实立德树人的根本任务

党的十八大以来,习近平总书记就做好高校思想政治教育工作多次发表重要讲话,全国高校就贯彻落实习近平总书记重要讲话精神采取了系列举措,大学生思想政治教育工作质量得到显著提升。习近平总书记指出:"高校思想政治工作关系高校培养什么样的人、如何培养人以及为谁培养人这个根本问题。"我国国情决定了必须走自己的高等教育发展道路,必须牢牢坚持社会主义办学方向,办好中国特色社会主义大学。思想政治教育工作是中国特色社会主义大学的生命力所在。在这样的背景下,对当前大学英语课堂生态面临的问题采取有力措施,进一步优化课程思政背景下大学英语课堂生态运行体系,对于提升大学英语课程的育人效果,更好地发挥大学英语课程思政功能,推动英语教育本土化、民族化的创新发展具有巨大的时代价值。

(二) 有利于更好地促进学生的全面健康发展

我国是具有五千多年悠久历史的文化大国,具有丰富的思想政治教育文化资源。将中华优秀传统文化融入大学英语课堂教学中,有助于更好地继承和发扬中华优秀传统文化,特别是中华优秀传统文化中优秀的文化基因能赋予大学生明辨是非的能力和素养。一个具有良好生态系统的大学英语课堂能更好地凸显社会主义核心价值观的育人导向,更好地实现对学生的价值引领,让学生在增进对西方文化了解的同时,更能明辨中西文化的差异,增强文化自信和文化鉴别力,从而坚定民族自豪感和对国家、民族的认同感。

(三) 有利于应对复杂多变的国际局势

当前,世界正处于百年未有之大变局。一方面,国家与国家之间的交流交往空前紧密,建设人类命运共同体的大势汹涌向前;另一方面,伴随着改革开放以来社会多元价值、意识形态渗透的复杂背景,西方的价值观念也对当代大学生的价值观造成困扰和冲击。在这样复杂的背景下,赋予大学英语育人职责和使命是办好社会主义大学的必然要求。不同于其他思政课程,"外语教育的特殊性在于它是一门跨越不同语言从而产生文化交流的课程,其课程体系涉及不同语言文化的交流与碰撞"(曾敏,2016:3)。因此,在大学英语课程中融入思想政治教育元素,大学英语教师充分挖掘教材内容中所蕴藏的思想价值和人文精神,有利于提升学生在跨文化交际中明辨是非的能力,更加坚定"四个自信",讲好中国故事。

(四) 有利于更好地履行教师育人使命

在社会主义大学的课堂中,教书育人的重要职责体现在既要教授专业技能,更要教给学生做人的道理。在我国,每门课程都具有育人的职责使命。在课程思政背景下,这种育人的职责被赋予更宽宏的时代和现实价值。尤其是在大学课程思政建设的目标指引下,大学英语的课程思政使命与担当既有普通学科的共性要求,也有自己的独特之处。客观上来讲,大学英语课程涉及和接触西方的文化、价值观最为直接,这既是有利因素,也是挑战。因此,重构和优化大学英语课堂生态有利于强化大学英语教学的载体平台作用,让学生在健康的课堂生态教学环境中增强文化辨析能力,更好地担任合格的社会主义建设者和接班人角色。

二、课程思政背景下重构大学英语课堂生态的现实基础

课程思政建设启动以来,学术界不断探讨各门学科课程思政建设的路径和方法,特别是从学科融合的视角来研究课程思政建设成为学术界的热点。大学英语作为高校必修的公共基础课,开设时间长、覆盖面广,具有其他部分学科所不具有的开展课程思政建设的基础要素。

（一）大学英语具有课程思政教学所突出的育人价值

大学英语作为高校开设的一门公共必修课程，其肩负的育人功能通常体现在以下四个方面。一是培养学生的国际视野。大学英语是语言功能突出的工具性学科，通过系统的英语语言学习，学生可以利用这个工具接触来自全世界不同国家和地区的文化思想，开拓国际化视野。二是培养学生跨文化交际能力。大学英语表面上提供的是语言技能的学习，但更重要的是赋予学生文化交际的本领，学生通过学习，可以学会如何更好地与文化背景不同的人沟通和交流。三是培养学生的人文修养。大学英语课程属于人文学科，涉及不同文化背景下的生活礼仪、人文素养等方面的知识，学生通过这类学习，能提高社会责任感和人文情怀。四是培养创新实践能力。英语是一门复杂的课程，要求学生在听说读写译各个方面都具备一定的素质。在这种相对系统的训练中，学生的综合素质会得到训练，综合能力得到提升。综上所述，大学英语学科本身具有育人的功能价值，在强化育人导向的课堂生态体系构建的背景下，大学英语所具有的这些功能能为课堂生态健康运行所具备的各综合因子提供驱动力。

（二）大学英语具有思想政治教育所强调的育人目标

大学英语教学的根本目的是培养学生的英语应用能力，增强跨文化交际意识和交际能力，同时发展自主学习能力，提高综合文化素养，培养人文精神和思辨能力（教育部高等学校大学外语教学指导委员会，2020），这与思想政治教育的目标是高度契合的。具体来说，体现在以下两个方面。一方面，两者都强调跨文化交流。大学英语教学深层次的目标是让学生在学会语言技能的同时，通过这种技能去强化跨文化交流与交际，了解不同社会制度、文化背景下的文化，增强文化鉴赏能力。思想政治教育的终极目标也是教会学生对不同文化背景下的文化现象、文化实践等进行科学认知，从而达到提高文化交际能力的目的。另一方面，两者都注重人的全面发展。大学英语课程所强调的听说读写译能力培养，与思想政治教育所倡导的思想、品德、技能等多方面的发展在本质上是一致的，都是注重综合思维和创新思维的培育。

如前所述，无论是从复杂多变的时代背景，还是从大学英语课程的本质属性来看，在课程思政背景下探讨如何构建健康有序的大学英语教学课堂生态是一项急迫且具有现实意义的时代命题。因此,应科学梳理当前课程思政背景下大学英语课堂生态面临的问题,特别是影响大学英语课堂生态运行的不和谐因子,从顶层设计着手,从影响运行的微观部分入手,找准问题和破解方式,积极构建适用于大学英语课堂生态健康运行的环境。接下来,笔者将从课程思政背景下大学英语课堂生态重构的原则、策略和实践路径入手分别探讨。

第二节　课程思政背景下大学英语课堂生态重构的基本原则

百度百科中对"原则"一词是这样定义的,"原则"是指经过长期经验总结所得出的合理化的现象(百度百科,2023)。这里的解读强调原则是一种合理化的现象,强调了原则"好"的属性,好的原则能引导和规范我们的思想和行为,为人们更好地认识和处理问题提供重要的价值指导。接下来,笔者受学者刘长江的启发,将从生态性、和谐性、以人为本、开放性等四个方面对课程思政背景下的大学英语课堂生态重构原则进行探讨(刘长江,2013)。

一、生态性原则

生态性原则强调的是用生态学方法、生态学理论、生态化价值取向等来探索和研究问题。研究和探索大学英语的课堂生态相关问题,将生态性作为首要原则是合理的,这与大学英语课堂生态的固有属性是一致的。

(一)坚持从生态学视角看待课程思政背景下的大学英语课堂教学

从生态学视角来看大学英语课堂教学,强调的是用生态学的观点来分析和解读大学英语课堂教学的问题。在生态学看来,课堂教学是一个微观的生态系统,是各个生态因子交互而实现能量流动和信息传递的过程。从这个角度来看,探究课程思政视角下的大学英语生态系统就是要把大学英语教学看作一个微生态系统,在这个前提下研究课堂主体、课堂各子系统之间出现问题和失衡的原因。这一点显然与传统的课堂教学观是不一样的。传统的大学英语课堂就是单纯研究课堂知识的传授问题,解读的视角往往局限在教学过程中某一环节。

(二)坚持用生态学的研究方法来审视课程思政背景下的大学英语课堂教学

生态学经过一百多年的发展,形成了一套相对成熟的学科体系,有一套相对完整的学科研究方法,为我们探究生态教学提供启示和参考。比如,观察法、教学实验法、综合分析法等都是常用的生态研究方法。我们研究课程思政背景下大学英语课堂生态重构问题可以运用上述方法,探讨大学英语课堂生态的结构构成,探讨各个组成部分的互相关系及相互作用,以及影响它们运行的环境因素等,更重要的还是通过上述方式来分析和探讨大学英语课堂生态失衡的现象、原因及有效对策等。

(三)坚持用生态学理论来解读课程思政背景下的大学英语课堂教学

相比于方法而言,理论更具基础性和系统性。课程思政改革以来,思想政治教育功能的强化致使传统的大学英语课堂生态发生了一些结构上、功能上的失衡。从结构上来看,课堂构成比例、各种因子构成等发生了变化;从功能上来看,一些结构优化的功能出现了衰减。这些问题的出现,表面上看是课堂教学组织出现的问题,但放在生态学理论中来解读,更能从深层次找到影响大学英语课堂生态重构的原因,本着更加精准的原则,重构课程思政背景下的大学英语课堂生态。

(四)坚持课堂生态目标导向来构建课程思政背景下的大学英语课堂教学

生态化的课堂教学追求这样的目标境界:"课堂教学不仅要关注学生的认知过程,关注知识传授,还要关注学生的情感、态度以及价值观,更要关注学生的成长过程和学生的全面发展,为学生的发展提供一个和谐自由的环境,实现教育的生命价值。"(李森、王牧华、张家军,2011:68)就课程思政背景下的大学英语课堂生态而言,更要注重大学英语教师专业素养的培养,与学生的全面发展形成有效良性互动,这样才能为思想政治教育工作提供更多的生态养分,从而深化大学英语课程育人的效果。

二、和谐性原则

课程思政视角下的大学英语课堂生态尤其注重各个生态要素之间的和谐相处,这里的和谐性是综合性范畴,不仅指师生之间人际关系的和谐,也包括人与环境之间、环境与环境之间的和谐。徐建华(2016:765)认为:"和谐性是生态系统追求的最终目标,也是课堂生态能够持续发展的必然选择。"按照徐建华的这一理论,大学英语课堂生态的"和谐性"主要体现在三个维度。第一维度体现为师生与课堂生态环境的适应与协调。生态教学主体与生态环境之间的关系是成正比的,优雅的外部生态环境能促进师生身心和谐,师生身心和谐反过来为环境的优化提升创造更多的积极因素,二者互为促进关系。第二维度体现在师生之间良好的生态位。在课程思政视域下的大学英语课堂生态中,良好的生态位要求师生之间平等、真诚、互相激励,互相进行能量传递与交换。师生之间有默契的合作,学生与学生之间有公平的竞争,师生之间通过课堂教学这个介体产生良好的生态能量传递关系,从而使师生之间能够建立真正平等友好的关系。第三维度体现在教学过程的有序性。在大学英语课堂生态中,教与学是最基本的生态发生作用的方式,在课程思政的视角下,教师与学生之间的互动被赋予了更多的人文关怀和价值引领,从生态本位上来看,教师会时刻关注每个学生的发展变化,充分利用丰富的课程思政资源、多样的教学手段、良好的课堂氛围为学生营造一个良好的生态环境,促进各种生态要素的良性运转。用更为简单的表述方式讲,这种和谐性体现为师生遵守共同的规则和规范,具有相同或者相似的价值指向,获得比较一致的归属感。这样一来,学生与学生之间、学生与教师之间、学生群体之间、教师群体之间的各种关系都会变得越来越和谐。从和谐性原则来探究大学英语课堂生态的重构,要重点关注以下两个方面。

(一)要正确处理学生评价等次的关系

在课程思政视角下的大学英语课堂生态中,从学生评价的维度看,学生总会被放到一定的评价指标中去衡量和比较,会出现所谓的"优等""中间""边缘"等梯次分化,这些差异会导致大学英语课堂生态系统中出现分层,而这些分层往往就是导致系统出现不和谐因素的诱导因子。因此,从教师层面看,要针对学生的基础、素质的差异以及体现出来的不平衡性因材施教,对优秀的学生不能高看一等,对于"中间""边缘"的学生,尤其是"边缘"的学生不可放弃不管,而是要针对他们的基础条件,积极营造有利于每个个体发展的生态条件,真正从育人的角度来构建大学英语课堂生态结构。

(二)要正确对待大学英语课堂生态中的平衡与失衡问题

在杜亚丽(2011)看来,生态学上的平衡表明生态系统的结构与功能,物质、能量和信息的输入和输出都处于相对稳定的状态。当生态系统受外界干扰,而超过自身调节的范围时,系统就会打破原有的平衡,出现暂时失衡的现象。平衡和失衡是生态本身内在的基本属性,是不可分割的。平衡是相对的、暂时的、动态的。

在课程思政视角下的大学英语课堂生态中,平衡和失衡是一组相对的概念,没有绝对的平衡,也没有绝对的失衡,它们都是在动态的变化中。教师与学生在英语课堂中总是进行着人与人之间、人与课堂环境之间、人与教学内容之间的能量输入与输出,当这种输入与输出出现量的矛盾时,就会产生失衡。如果大学英语课程思政资源供给不足,会影响到课堂生态主体之间正常的思政资源的交换,导致学习动力不足;如果大学英语课堂中思政资源的供应过量,远远超出学生能接收和承载的信息最大容量,也会挫伤学生的接受兴趣。所以说,大学英语课堂生态的平衡与失衡,最直接的衡量还是要看大学英语课堂思想政治教育元素与学生之间的能量交换是否合理。如果课程思政要素内容与学生的发展需要基本适应,满足学生的需求,就能达到暂时的平衡;如果课程思政要素与学生的需求之间产生不谐,这种暂时的平衡就会被打破,引发新的不平衡。反过来看,协调冲突的过程本身就是一种平衡的过程。所以,从这个层面看,适度的冲突并不见得是坏事,能够产生助推力,有利于达到新的平衡;但是过度的冲突往往副作用体现得更多,具有比较强的破坏性。基于大学英语课堂生态中冲突和平衡的暂时性特征,必须达成一种共识:构建大学英语课堂生态的目的和出发点不是要彻底消除冲突,而是要通过合理的措施和办法,控制和调和冲突,并且尽可能让冲突控制在一定的强度范围之内,以确保课堂生态系统不被彻底地打破,保证大学英语课堂生态和谐运行。当然,更重要的是,要善于抓住这些矛盾、冲突等之间的运行规律,及时促进它们之间的动能转化,在动态演化中促进大学英语课堂生态系统不断优化。

三、以人为本原则

以人为本是教育人本论的核心理念。在课程思政视角下探讨大学英语课堂生态的重构问题,必须将人本价值放在首要的价值态位,离开了这个根本,课程思政在大学英语课堂生态中就是"空中楼阁"。坚持以人为本,实际上就是要突出学生的中心地位,在此基础上来构建和谐稳定的师生关系。在人本主义思想来看,人与人之间有个性化的差异,但每个人都有自己的价值,都具有一定的发展潜能。在课程思政视域下通过构建大学英语课堂生态来体现以人为本的教育价值,笔者认为应该从以下四个方面来实现。

(一) 要以培养人为根本目标

育人是课程思政的价值出发点。培养什么样的人? 应该培养"完整的人"。罗杰斯认为,"完整的人"实际上是指躯体、心智、情感、精神等力量融汇于一体的人,是一个知情合一的人,是一个能批判自主学习、具有创新精神、主动适应周围环境和满足社会变革需要的有用人才(吴立岗,夏慧贤,2001)。大学英语课程思政改革的出发点就是要强化大学英语学科的育人功能,让大学英语课程的授课组织更好地聚焦到育人这个核心问题上,这与传统的大学英语教学理念是不一样的。这种改革要求促使大学英语的课堂生态做出系统的调整,课程内容的设计、教材的编写、授课方式的组织、学习环境的营造等方方面面都要围绕育人这个核心目标来组织实施。从这个意义上讲,大学英语课堂生态的构建必须牢牢坚持育人这条根本主线,所有生态因子的能量交换的动因也要从"培养人"这个角度进行设计和组织,脱离了育人这条主线,大学英语课程思政就成了"一纸空文"。

(二) 要突出学生的主体地位

教师的教与学生的学是大学英语课堂生态的两条主轴,其中,学生学习的主动性是更加基础性的要求,所以在大学英语课堂生态中应该更突出学生的主体地位。如果说传统意义上的大学英语教学侧重的是知识的传授,课程思政视域下的大学英语课堂生态则被赋予了知识传授之外的深层次的价值导向,那就是育人。衡量育人效果的最直接对象就是学生个体,用哪些指标衡量?比如,学生是否通过大学英语学习增强了对外来文化的识别能力,是否通过大学英语的学习树立了正确的对外文化交流的交流观,是否通过大学英语学习增进了自己对中华文明的"文化自信"。这些指标除了教师主体因素的努力外,更主要的还是要靠学生个体的潜力和素质来实现的。因此,在构建大学英语课堂生态过程中,教师要从教学观念、学习方式、学习环境、学习内容等方面塑造更多有利于发挥学生自主能动性的条件,让学生通过自主学习将大学英语课程中的思想政治教育元素内化为提升自身综合修养的生态养分,让学生成为大学英语课堂生态真正意义上的"主人翁"。

(三) 要因人而异组织教学

因人而异,实际就是个性化教学。个性化教学内涵丰富:培养独特的、独立的、身心和谐统一的个体,是目的意义上的个性化教学;教师个性化地"教"和学生个性化地"学",是过程意义上的个性化教学;针对不同的个体采取个别化、差异化的教学方法、模式和手段,是手段意义上的个性化教学(刘长江,2008)。思想政治教育工作是以人为对象的工作,尊重人的差异性是开展思想政治教育遵循的一个基本原则,这也是思想政治教育的价值和生命力所在。忽略个体的"大水漫灌式"的思想政治教育是没有希望的。就大学英语课程思政建设而言,受学生个体英语素养、基础条件等因素的制约,学生在语言的浩瀚海洋中既要学好技能,还要透过语言文本掌握思想政治教育理念,这对那些基础条件差的学生来讲本身就是一件困难的事情。这种情况下,更需要教师对学生的英语素养进行客观评估,在准确评估的基础上,尽可能地做出个性化的课堂生态教学方案,最大限度调动学生参与的积极性,明确他们的学习动机,激发他们的学习潜能,尊重他们的学习习惯和个性,只有照顾到这些,才能营造课程思政背景下大学英语课堂生态构建的积极氛围。

（四）要建设积极的师生关系

罗杰斯认为，建立和谐、融洽的师生关系，学生对学习就会产生安全感，并认识自身价值，增强学习的信心，其创造潜能得以发挥，独立个性得以形成（吴立岗，夏慧贤，2001）。在大学英语课堂生态这个系统中，系统因子的有序运转得益于信息的顺畅传递，得益于各因子之间的良性互动，这种良性互动的基石就是积极稳定的师生关系。在这种稳定的课堂生态环境中，教师情绪高涨，控制和调整学生的手段合适且有效；学生则充满学习动力，与教师互动积极，学习的主动性提高。从思想政治教育的本位上讲，和谐的人际关系本身就是思想政治教育所要达到的目标，因此，被赋予了育人功能的大学英语课堂生态构建更要抓牢和谐师生关系这个维系教学生态因子和谐运转的"润滑剂"，将构建积极稳健的师生关系提升到生态构建的重要态位。

四、开放性原则

系统论的创始人贝塔朗菲认为："任何一种生态系统都只能在适当的环境状态下存在，只有保持对外开放，与外界不断进行物质、能量和信息交换，才具有生命力。"（尹湘鹏，2008：16）一种良性的课堂生态系统的开放既包括物的开放，也包括人的开放、教材的开放、课程的开放、教学活动的开放（徐建华，2016）。从上述系统开放的内容来看，课程思政背景下大学英语课堂生态的构建也要体现这些开放性的指标特征。从"物"的开放性来看，课程思政背景下的大学英语课堂教学要着眼于调动学生个体的能动性，比如分组讨论等教学方式，要求对教室桌椅的摆放等进行调整；从"人"的开放性来看，思想政治教育本身就是一个开放的学科体系，需要教者与学者都具备丰富的思政素养，师生之间要在思想、言行、观念等方面进行深层次的交流与互动，形成良性的生态交互关系；从教材的开放性来看，课程思政视域下的大学英语教材内涵与外延被大大地拓展，仅仅依靠书本已经满足不了课程思政改革的初衷，这就需要借助更宽广的视野来拓展大学英语课程内容所蕴含的思政元素，将教材原有的知识体系从思政角度进行无限地拓展和延伸；从教学活动的开放性来看，思想政治工作效果需要借助多样化、丰富的教育手段来实现，课程思政视角下的大学英语课堂生态必须以宽阔的视野,采取适应人本特征的教学方式与手段,在开放性的教学活动中将思想政治教育工作的育人要求内嵌到教学生态链中,这也是课堂生态因子的动力之源,更是课堂生态系统的活力源泉。

第三节　课程思政背景下大学英语课堂生态重构的路径策略

在课程思政背景下探讨大学英语课堂生态重构的路径,就是要探讨如何在大学英语课堂生态稳定的前提下更好地实现大学英语的课程思政功能。从整体的路径和策略上来讲,就是要发挥好课程思政作为大学英语课堂生态系统主导生态因子的主体作用,调整和控制课堂生态系统中起阻碍或者限制作用的其他因子,调整大学英语的课堂生态位,促进各个生态位在系统中更加顺畅地沟通和交流,促使组成课堂生态的生态因子发挥好应有的功能和作用。具体来讲,重点应该关注以下几个方面。

一、充分发挥课程思政主因子的引领作用

研究课程思政背景下的大学英语课堂生态重构问题,首先必须明确一个点位:课程思政是推动大学英语改革的一个明确指向,是诱发大学英语改革的一个动力缘起。从这个意义上来讲,课程思政是大学英语课程生态系统中的主导因子,这是一个认知前提。或者说,课程思政是引导大学英语课堂生态重构的一个方向标。无论是从功能型指标还是从环境性因素来讲,课程思政在大学英语课堂生态中的核心生态位是确定的,课堂生态中的其他因子被其带动,进行调整和变化,也是在它的引导下对生态运行中出现的裂痕进行修复。

从 2014 年课程思政这个概念提起到现在,大学英语课程思政逐渐成为主导大学英语改革的方向标。笔者以中国知网收录文献为例,截至 2023 年 12 月,以"大学英语＋课程思政"为搜索关键词能检索到 2018 年以来的学术文献 2276 篇。这充分说明课程思政引领大学英语改革的热潮已经形成,成为大学

英语课程改革的主流方向。在这样的现实背景下,课程思政在大学英语课堂生态中的生态位随着实践的不断深入得到强化和巩固,也在很大程度上影响着教师和学生在大学英语课堂中的角色扮演,比如,有些学校对大学英语教师的思想政治素养要求也越来越高,逐渐成为教师师德评价的重要观测点。课程思政在大学英语课堂生态中的地位已经不是一个口号,而是促进大学英语课堂生态重构的主导力量。这个地位一旦确立,必然会使大学英语课程生态位中的其他生态因子发生变动,其中,最明显的就是作为课堂生态教学主体的师生为了适应这种改革的趋势而在教学理念、教学素养、教学方式、教学评价等方面都要随之做出一定的调整。这种调整如果能跟上课程思政主导因子的步伐,大学英语课程思政改革中所产生的生态裂痕就会得到修复。

　　当然,要在实践层面真正发挥好课程思政在大学英语改革中的导向和引领作用,还要解决好政策配套保障和理念层次的深度渗透。首先,政策层面要继续为课程思政改革进程助力。2016年全国高校思想政治工作会议之后,全国高等学校的课程思政建设进入了快速发展的轨道,几乎所有的高等院校都将课程思政建设作为学校加强和改进大学生思想政治教育工作的大事、要事来谋划和推进,广大教师也以高度的使命感和责任感,积极投身于课程思政建设的历史洪流之中。2020年教育部发布的《高等学校课程思政建设指导纲要》,对于打造课程思政范式提出了明确的要求,大学英语课程思政改革也及时跟进,整体上给大学英语改革带来了新的契机。在这种有利条件下,如果能继续大力推进大学英语的课程思政改革,有望促使课程要素发挥好协同作用,形成课程思政合力,帮助大学英语课堂生态构建新的耗散结构,实现课程生态系统新的平衡。但是,由于课程思政本身不属于效果立竿见影的课程改革,不少高校在推进大学英语课程思政建设过程中出现了"两张皮"现象,造成一些学校推动改革的动力不足,课程思政在大学英语课堂生态中的引领力不够,导致大学英语课堂生态中出现了新的失衡状态。客观上讲,这是一种正常现象,一种新鲜事物的出现并占据历史舞台主场必然要与传统势力较量,出现胶着状态属于自然演化过程的一个特殊阶段。但是,需要指出的是,这种暂时的系统失衡不应该成为大学英语课程思政改革的绊脚石,相反,应在认识到课程思政对大学英语改革的决定性方向的前提下,宽容对待教学系统内出现的一定时期内的系统失衡问题,这恰恰为课程思政引领课程改革提供了新的机遇,有可能会塑造新的系统平衡。

要作为一种引领课程改革的主导理念,大学英语课程思政改革必须形成深层次的认知图式。无论是学校的管理层、教师层还是受教育层的学生群体,都必须将大学英语的课程思政改革视为一种常态化的趋势,而且要坚定不移地适应并走下去。当前,大学英语课程思政改革成效显著,但问题也不少,其中比较突出的问题就是有些高校存在形式主义或者表面化现象。简单讲,就是将课程思政视为大学英语表层的东西,是外部力量强加到大学英语表面的,这样的观念必然会导致教学层面的形式主义,教学生态上的虚化和浮漂。究其原因,就是没有真正意识到大学英语课程思政改革的深层价值和走向,并且在实操层面采取的措施不得力,效果不明显。所以,必须构建深层次的课程思政认知图式,无外乎关注两点。一是强调常态化。大学英语课程思政改革不是一阵风,不是走过场,更不是形式主义,而是新时期大学英语改革的价值标尺和风向标,必须用常态化的心态、常态化的机制和手段贯彻执行。二是强调深层性。所谓深层就是要看到改革背后的深刻动因,而不是看表面的东西。深刻动因就是蕴含的时代价值和时代驱动力,这种动因也是大学英语改革内涵式发展的要求。只有深刻认识到大学英语课程思政改革的主导因素,才能在大学英语课堂生态中做好生态位布局,划分好功能定位,主位与补位各自分工,实现课堂生态的真正重构。

二、合理控制大学英语课堂生态中的限制性因子

像其他的生态系统一样,大学英语课堂生态系统中也存在一些限制性因子。限制性因子是一个生态学范畴概念,简单讲,就是生态系统中的生态因子在数量或者质量上对系统的耐受度造成影响。在大学英语课堂生态系统中,教师、学生、英语教材等生态因子之间互相作用,既受到系统内各生态因子的影响,也对系统内的生态因子产生影响,最终会影响课堂生态主体的发展。当生态因子所产生的影响达到了大学英语课堂生态的忍受极限,就会演变成为限制

性因子,对大学英语课堂生态产生冲击和破坏。因此,要构建大学英语课堂生态平衡,必须要采取措施对这类限制性因子进行控制。

如何控制?一个重要的前提就是清楚要控制谁,也就是要界定好哪些是需要控制的限制因子。界定的标准可以参考两个,一是它们的影响已经接近或者达到大学英语课堂生态主体的最大忍受限度;二是它们对课堂主体产生了破坏或者阻碍的作用。从课程思政背景下的大学英语课堂生态看,我们主张的是课程思政与大学英语教学融合。融合强调的是"融"与"合"的统一,从逻辑关系上看,从"融"开始达到"合"的境界,就是要将思想政治元素融入大学英语课程教学过程中,达到内容与形式的完备统一。在融合过程中,如果大学英语教师一味地通过"硬融入"和"贴标签"的方式来落实"融"的要求,就会让大学英语课堂生态的平衡受到破坏和干扰,如果超过了一定的"度",就会产生消极影响。从学生层面来看,如果学生对教师的"融"充耳不闻、视而不见,就会挫伤大学英语课程思政的主导因子积极性,破坏系统的生态平衡。

三、要积极引导大学英语课堂生态系统同步

课程思政背景下的大学英语课堂生态出现失衡,一个重要的标志就是大学英语课程生态组成部分比例出现了失调,出现这种失调的主要原因是系统内其他组分没有与课程思政这个生态环境的主导因子同步。要重构大学英语课堂生态的平衡,就要主动采取干预办法,引导系统组成部分随着课程思政功能要求的介入而进行改变。

如前所述,课程思政是大学英语课堂生态的主导因子,对课堂生态的运行起着引领作用。从理论上来讲,当课程思政成为课堂生态的主导因子后,系统内各组成部分之间互相作用、互相影响,课程思政能够引领其他生态因子进行协同变化。但现实往往是,由于课程思政背景下大学英语课堂生态管理机制不完善、理念不到位,这种协同变化的节奏还达不到课程思政主导功能的要求,具体表现为理念更新落后、政治素养还不够高等。在这种背景下,要提高系统组分协同变化的质量和速度,就必须具体问题具体分析,采取针对性措施,解决针对性问题。比如,造成课程思政理念不到位的原因可能是多方面的,有些教师

可能对课程思政这个教育理念缺乏系统的了解,针对此类问题,可以通过加强学习培训来解决;有些教师可能对课程思政这个理念有抵触,甚至存在认知误区,那么就要通过思想交流、传帮带等方式改变他们的这种认识。

(一) 加强培训有助于促进系统组分的同步协作

师生之间的不同步是造成生态不同步的最大症结。对于教师来讲,要承担起大学英语的课程思政功能,就必须通过培训更新课程改革理念,提高政治理论修养;通过培训充分认识到大学英语课程思政改革的重要意义和艰巨任务,学习更多的课程思政与大学英语融合的技能与技巧;对于学生来讲,要让他们从思想上认识到大学英语课程思政改革的前因后果,改什么、怎么改,需要他们做什么、怎么做,解决他们思想上的疑惑和顾虑,让他们一开始就对大学英语课程思政有一个正确和全面的认识,对改革的目标、路径、方式等有清晰的认知,帮助他们积极主动地迎接改革,提高他们的适应能力。

(二) 健全机制有助于促进系统组分的同步协作

机制往往需要借助制度作为支撑和保障。可以尝试建立基于师生的考核评价体系。一是加强对教师的考核。对大学英语教师的评价既要包括课堂教学质量,也要提高政治站位,按照首善标准,将教师开展大学英语课程思政的有效度作为教师教学考核评价的重要因素,在职称评定、评优评奖等方面有所体现。二是改进对学生的综合评价。改变传统考试中注重书本内容的思维,在考试内容的设计上相应加大课程思政内容的比例,对大学生理想信念、价值取向、政治信仰、社会责任进行考察。另外,要洞察学生所流露出的价值取向,对有问题倾向的学生,要及时与他们沟通,纠正其错误言行。总之,要逐步形成课内评价与课外评价、线上评价与线下评价、定量评价与定性评价相结合的多维度评价方式,充分发挥考核评价这根"指挥棒"的风向标和助推器作用(肖建平,2022)。通过对教师、学生这两个大学英语课堂生态主体的约束激励,有利于促使这两支力量相向而行,共向而生。

(三) 优化环境有助于促进系统组分的同步协作

徐建华(2016)认为,任何教学活动的顺利实施与良性运转都要在一定的时空条件下才能得以保证,这也是课堂能够存在的必要条件。课堂中师生对教室的空间布置以及教学时间的分配与安排,都会在不同的维度体现课堂生态主体的教育理念、教学思想、教学行为和教学品质。课程思政背景下的大学英语教学不同于一般的学科教学,除了传统大学英语教学所具备的教学形态外,还被赋予了思想政治教育的重要功能。而思想政治教育功能的实现是一项复杂的系统工程,需要借助内容、时空、技巧等多种组合手段。从课堂时间维度看,在一节大学英语课程思政课堂上,教师应把握思政内容与语言教学内容的时间比例、学生的掌握程度等。从空间看,思想政治教育工作不是一对一简单的说教就能实现了的,教师高高在上地单向传授难以激起学生强烈的心理共鸣,大学英语课程思政也是如此。因此,适当通过组织便于研讨交流的空间布局来增强互动交流,促进学生与教师之间的良性互动很有必要。当然,课堂生态的环境范畴除了时空之外,还包括多媒体资源、课堂规章制度等软环境。需要特别强调的是,相对于单个的教师与学生,其他的教师与学生也构成了外部环境,他们总体的外部形态也会影响到特定教师与学生对课程思政背景下外语教学的认知。

　　总之,要对课程思政背景下课堂生态系统各组分主动干预和调控,本着具体问题具体分析的态度,特别是对那些不能与课程思政同步协变的师生采取工作跟进,比如进行业务培训、构建奖惩机制、优化课堂环境,有助于实现系统组分在课程思政教学过程中的同步变化,改变和优化系统组分构成比例的失调状况,为课堂生态重新回归到平衡状态创造更加积极有利的条件。

四、要重构大学英语课堂生态的互动对话机制

　　课程思政背景下大学英语课堂生态中的系统失衡问题,最直接的体现就是课堂生态系统各个构成要素之间交互的关系出现了裂痕,比如生态主体之间的裂痕,生态主体与课程思政本质要求之间的裂痕以及课程思政与其他生态因子之间出现的裂痕。在这样的背景下,要重构课程思政背景下的大学英语课堂生态就必须重新调整系统之间的交互关系,采取有效措施来解决彼此之间的矛盾,实现有机的互动与对话。

从一般意义上的课堂教学来看，一个有效的课程教学需要教师、学生与课堂环境之间进行和谐的互动与交往。课程思政背景下的大学英语教学，本质上就是教师和学生以大学英语为媒介，以课堂环境为依托而运行的一种生态系统。在这个生态系统中，存在着教师与学生、学生与学生、教师与教材、学生与教材等生态系统构成因子之间的交互与互动。不同生态主体之间互动越频繁、越深入，课堂生态系统就越稳定。在课程思政这个大学英语改革的价值驱动力介入之后，大学英语课堂上出现了教师与学生、学生与学生等群体之间的交互障碍，从而引发课堂生态系统出现了失衡问题。这里以师生之间的交互为例进行分析，在传统的大学英语课堂上，教师的教与学生的学之间目标一致，形成了相对认可和适应的交互状态；但在课程思政背景下，大学英语课堂的价值目标、教师的教学理念等都发生了较大的改变，使得师生之间原本顺畅的交互变得阻碍重重，这里有价值导向的因素，也有教师素养、课堂组织等方面的因素，但总体上来看，主要矛盾就是课程思政赋予大学英语新的使命价值与相对滞后的教学理念、内容相对匮乏的课程教材、教学评价体系等之间的矛盾，这些要素在课程思政背景下没能快速和较好地融入课程思政目标导向的新环境，导致大学英语课堂生态因子之间的交互出现不和谐现象。

要激活课堂生态交往的活力，必须提供课堂交往的动力。这种活力可以从以下三个方面来攫取。

（一）搭建和谐的课堂生态结构

一个和谐的课堂生态结构强调的是构成课堂生态的因子在生态结构中有自己的归位，发挥自己的作用，从而为各个生态因子之间进行正常的能量传递和交互奠定良好的基础。课程思政背景下的大学英语课堂生态结构中，教师是这个生态结构的能量供给方，充分挖掘和收集大学英语课程中所蕴含的课程思政元素，借助丰富的教学手段将这些元素传递给学生，学生通过一定的方式进行消化和吸收，再通过一定的途径和方式进行结果的反馈，这就形成了一个完整的信息交互生态链条。由于生态能量交互的规律，在这个交互过程中，各个生态因子地位和所起作用的不同，能量的交换同样也可以引起它们之间地位的变化，彼此都可能成为引发新一轮生态因子互动的动力源。

（二）温馨的生态物理环境是激发课堂互动的动力

课程思政背景下的大学英语课堂生态已经超出一般大学英语课堂的模式，思想政治教育功能的实现需要借助更多的环境因素来保障。比如，小组讨论、分组研讨等方式能够让教师和学生的交流更加平等，能创造更加积极的情感交流场景，有利于思想政治类课程的教学组织实施。

（三）良好的人文环境是激发课堂生态动力的重要因素

思想政治教育本身就是一个有难度的课题，靠单纯的说教效果不一定好，尤其是在语言学媒介的基础上来开展思想政治教育更是增加了难度。但是，语言也具有独特的魅力和优势，语言学习能够营造更加积极的人文氛围，增加学生的人文修养；另外，语言课堂上的教风、学风等软环境因素也具有良好的示范效应，能够吸引学生向良性发展。

五、要确保大学英语课堂生态充足的供给

在一个生态系统中，充足且有效的能量供给是确保这个生态系统运行的基础。课程思想背景下的大学英语课堂生态要达到和维持平衡运转的状态，一个重要的前提就是系统内外能提供源源不断的能量输入与供给。系统内注重的是生态因子的优化，系统外注重的是能量源源不断地注入。

（一）要不断优化大学英语课堂生态因子

在课程思政背景下的大学英语课堂生态中，教师、学生与生态环境运行靠的是各自在自己的生态位上的功能发挥和潜能释放。大学英语教师是生态主体之一，要提高自身生态位的功能，就必须积极主动地适应课程思政教学理念，不断提高思想政治修养，改进和丰富课堂信息传递的方式和手段；学生也是教学生态的另一主体，在课程思政背景下，学生也要充分认识到课程思政背景下大学英语教育的目标和任务，根据这个大目标来调整自己的小目标，使其跟上大目标的新要求。只有师生目标一致，价值观念统一，加强学习，提高各自的素养水平，才能为系统平衡提供自我优化的动力。

（二）要不断加大外部能量的提供与摄入

课程思政背景下的大学英语课堂生态是一个开放的大系统，不断地与外界发生交互，进行着能量的守恒运行。从本质上看，思想政治教育本身就是一个宏大的社会系统，判断哪些能量能够从社会这个大系统中被抽出，通过英语语言这个介体介入大学英语课堂这个微观课堂生态系统中来，这就给大学英语教师提出了更高的要求。他们需要对外界的大系统有效地甄别，选取那些能融入大学英语课程教材中的能量进行摄入，这也离不开良好的教学环境等的保障。这对教师的学习能力提出更高的要求，英语教师要通过系统学习来提升自己向大学英语课堂生态注入能量的本领和技巧，为整个系统的稳定运行提供充足营养供给。

第四节　课程思政背景下大学英语课堂生态重构的实践探索

在前面的章节中，我们探讨了课程思政背景下大学英语课堂生态重构的原则以及构建策略等相关问题，从宏观上对课程思政背景下大学英语课堂生态运行的规律，探究这个生态系统运行的点位问题，有了比较清晰的认识轮廓。这些探讨更多的还是基于理论层面的探索，注重的是理论阐释，寻求的是从理论中找寻课程思政背景下大学英语课堂生态重构的支撑。那么，在具体的大学英语课堂生态实践层面，如何通过生态环境系统的优化和更新来为课程思政育人效果提供保障？我们接下来再做进一步的探讨。

一、课程思政背景下大学英语课堂生态的理念建设

课程思政背景下的大学英语课堂生态建设是大学英语改革中一个值得探究的新命题，是课程思政背景下研究大学英语教学改革的一个新话语体系，从理念上来讲具有引导性价值。叶澜（2004：49）指出："教学改革要改变的不只是传统的教学理论，还要改变千百万教师的教学观念，改变他们每天都在进行着

的、习以为常的教学行为。"不同的教学理念往往会引导教师形成不同的教学行为,传统的大学英语教学是以教师为主导和核心,以大学英语教材为中介,学生以获取大学英语知识为目标的单向传递的信息封闭系统,大学英语知识的传授是单一的动因。而课程思政背景下的大学英语教学倡导的理念是一种课堂生态理念,并不是简单地将生态学概念移植到大学英语课堂教学中,而是主张用生态学的系统理念和思维来开展课堂教学活动,将大学英语课堂看成是一个复杂多变的生态整体,关注作为生态主体的教师与学生的思想动态变化,充分利用和挖掘大学英语所蕴藏的丰富的思政资源,促进教师与学生之间的思想交流,提升学生的思想素质。为了便于对课程思政与大学英语教学有更深入的了解,下面继续从宏观和中观视角进行探讨。

(一)宏观视角:课程思政建设是国家战略

课程思政的这一说法最早可以从 2004 年出台的《关于进一步加强和改进未成年人思想道德建设的若干意见》以及《关于进一步加强和改进大学生思想政治教育的意见》中寻找到影子。2014 年,"课程思政"的概念被完整地提出。2016 年,习近平总书记在全国高校思想政治工作会议上提出:"要用好课堂教学这个主渠道,思想政治理论课要坚持在改进中加强,提升思想政治教育亲和力和针对性,满足学生成长发展需求和期待,其他各门课都要守好一段渠、种好责任田,使各类课程与思想政治理论课同向而行,形成协同效应。"2020 年 6 月,教育部正式出台了《高等学校课程思政建设指导纲要》(以下简称《纲要》),全面推进所有学科的课程思政建设。大学英语的课程思政建设面临前所未有的机遇,需要的社会氛围进一步得到充盈和塑造。

(二)中观视角:大学英语课程思政是实践指向

《纲要》考虑到了不同的学科特点,为课程思政教学提供了广阔的发展空间和方法指导。"明确提出立德树人的成效是考察高校一切工作的根本标准,而全面推进课程思政建设是落实'立德树人'这一任务的战略举措。""明确提出课程思政建设工作要在所有学科专业全面推进,要围绕政治认同、家国情怀、文化素养、宪法法治意识、道德修养等五项维度重点优化课程思政内容供给。政治认同即推进习近平新时代中国特色社会主义思想进教材、进课堂、进头脑,引导学生了解世情国情党情民情,增强对党的创新理论的三个认同,坚持'四个自信';家国情怀即培育和践行社会主义核心价值观,教育学生将社会主义核心价值观内化为精神追求、外化为自觉行动;文化素养即加强中华优秀传统文化教育,引导学生深刻理解中华优秀传统文化中的思想精华和时代价值,传承中华文脉;宪法法治意识即深入开展宪法法治教育,引导学生学思践悟习近平全面依法治国新理念、新思想、新战略,牢固树立法治观念,深化对法律相关的认知,提高运用法治思维和法治方式的意识和能力;道德修养即深化职业理想和职业道德教育,引导学生深刻理解并自觉践行各行业的职业精神和规范,增强职业责任感,培养优秀职业品格和行为习惯。"(秦丽莉,赵迎旭,高洋等,2023:78-79)

2020年10月,《大学英语教学指南》(以下简称《指南》)正式发布。《指南》以《纲要》为统领,修订了大学英语的课程思政目标等方面的具体内容。整体上看,《指南》为大学英语课程思政建设进一步细化了路径,指明了具体方向。用课程思政来引导大学英语教学改革,首先需要面对的是"在什么环境下培养哪种类型的人、怎样培养人"的学科热点问题,同时也是教育与具体社会环境之间互动关系的语言教育生态问题(黄国文,2016),更是教育教学的价值观问题(肖琼,黄国文,2020)。大学英语教学作为语言文化教育,具有跨学科和跨专业的属性,高校英语教学所具有的特殊性,促使英语课程思政研究应采取系统的、整体的和动态的生态路径(张丹清,陈仕清,2021)。

综上所述,无论是从宏观思想政治教育的大形势,还是从中观大学英语改革所肩负的任务看,坚持课程思政基本方向,不断强化大学英语的思想政治教育功能是大学英语课程改革的价值走向,这是大学英语课堂生态构建所应该坚持的核心理念,这个理念决定了大学英语课堂生态建设的价值和底蕴。在构建大学英语课堂生态中,要将这一理念贯穿到各个环节和各个层面,这是维系大学英语课堂生态生命力的根本所在。那么,在当前形势下如何才能更好地贯彻和树立这个观念?笔者认为,可以从以下两个方面来理解这个观念的主要内容。

1. 突出"立德树人"的根本任务

要深入和透彻领悟课程思政背景下大学英语教学价值走向,就必须对"立德树人"的基本内涵进行解读。从学科特点上来看,对课程思政背景下的大学英语教学可以从以下三个方面来认知,或者说"立德树人"的要求包含以下三个方面的内容,即中华优秀传统文化、世界优秀文化、时代精神与人类命运共同体思想(刘正光,岳曼曼,2020)。从这个层面看,"立德树人"是课程思政的目标要义。大学英语课程要进一步提升学生的能力和素质,更加注重培养学生的全球思维和主动开创精神,注重打造学生的思想品德和个人魅力。

2. 要以《指南》为大学英语课程思政建设的总体统揽

新颁布的《指南》对大学英语课程思政建设进行了顶层设计和规划,提出了关于课程性质、课程目标、课程资源、教学方法、师资队伍建设等一揽子的新目标和新要求。

针对课程性质,《指南》明确指出"大学英语课程是普通高等学校通识教育的一个重要组成部分,兼具工具性和人文性。其人文性主要体现在两个方面:第一,大学英语课程的重要任务之一是进行跨文化教育。语言是文化的载体,同时也是文化的重要组成部分。学生可通过英语学习了解国外的社会与文化,增进对不同文化的理解,加强对中外文化异同的认识,培养跨文化交际能力。第二,大学英语课程可培养学生对中国文化的理解和阐释能力,服务中国文化对外传播;社会主义核心价值观应有机融入大学英语教学内容,大学英语课程需在课程建设、教材编写、教学实施等各个环节充分挖掘其思想和情感资源,丰富其人文内涵,实现工具性和人文性的有机统一。大学英语教学应主动融入学校课程思政教育体系,使之在高等学校落实立德树人根本任务中发挥重要作用"(教育部高等学校大学外语教学指导委员会,2020:4)。

针对教学目标,《指南》明确指出"大学英语新的教学目标是培养学生的英语应用能力,增强跨文化交际意识和交际能力,同时发展自主学习能力,提高综合文化素养,培养人文精神和思辨能力,使学生在学习、生活和未来中能够恰当有效地使用英语,满足国家、社会、学校和个人发展的需要,培养学生树立正确的世界观、人生观和价值观"(教育部高等学校大学外语教学指导委员会,2020:6)。

针对课程设置,《指南》明确指出"通用英语课程旨在培养学生的听说读写译技能,同时教授英语词汇、语法、篇章及语用等知识,增加学生在社会、文化、科技等领域的知识储备,拓宽国际视野,提升综合文化素养,树立正确的世界观、人生观、价值观""各高校应鼓励教师不断探索与实践,丰富课程内容,帮助学生增强创新精神、创业意识、家国情怀和融通中西的能力,提高思想道德修养、人文修养、科学精神、宪法法治精神、国家安全意识和认知能力""课程设置应围绕立德树人根本任务,将课程思政理念和内容有机融入课程"(教育部高等学校大学外语教学指导委员会,2020:19-23)。

针对教材建设,《指南》明确指出"教材建设是传播新知识、新思想、新观念的重要载体,是教学内容的主要载体,也是实现教学目标的基本要求,在教材建设上要自觉坚定文化自信,坚持中华文化的主体性,坚守中国文化的话语权,充分体现中国特色、中国风格,在教材内容的选择上应自觉融入社会主义核心价值观和中华优秀传统文化,引导学生树立正确的世界观、人生观和价值观"(教育部高等学校大学外语教学指导委员会,2020:39-40)。

总体上来讲,《指南》中所提出的新目标和新要求中融合了课程思政背景下大学英语教学的核心理念。要重构课程思政背景下的大学英语课堂生态,必须以《指南》为统领,认真贯彻其中所蕴含的新理念和新要求。

二、课程思政背景下大学英语课堂生态的主体建设

课程思政背景下的大学英语课堂生态的主体主要有两类,一类是学生主体,另一类是教师主体,这两类主体是构成大学英语课堂生态的主导力量,是唱好课程思政"这出戏"的主要角色。

(一) 学生主体的建设

课程思政背景下的大学英语课堂生态是以培养人为主要目标的微观生态系统,学生在这个生态系统中具有双重地位和作用,一方面是教师教授的对象,另一方面也是开展自主学习的主体。从思想政治教育的本源来讲,加强对学生的人文关怀是大学英语课堂教学的应有任务之一,从学生的现实需要出发,关注学生的思想动态、学习状态和生活状态,这可以赋予大学英语教学更多的生活意义和价值,也是促进学生得以全面充分发展的重要内容。在课程思政背景

下的大学英语课堂生态中,要充分把握好供给学生的"思政养分"是不是充足,是不是乏味,学生能不能、愿不愿意消化和吸收。在课程思政背景下的大学英语课堂生态中,既要衡量学生思政需求的容量,又要注意提供思政元素的比例协调,只有这样,学生对课程思政下的大学英语课堂才能产生兴趣和学习动力,才能真正将课程思政的目标传递并实现好。

在课程思政背景下的大学英语课堂中,要始终将学生放在中心位置。教学过程是个双向的能量传递过程,更重要的是这一过程也是学生构建自己知识体系的过程。"所有的教学活动要面向全体学生,面向生活,面向社会,努力改善学生的生存状况、生活方式和生活质量,引导他们热爱生活,加深对生活的认识、理解、体验和感悟,引导学生自主思考、设计和规划自己的人生道路,把学生培养成学习活动的主体、个人生活的主体和社会生活的主体。"(王攀峰,2007:192)在大学英语课堂中,对学生的尊重体现在以下几个方面。

1. 组织分级教学

《指南》中明确指出:"我国幅员辽阔,区域发展不平衡,各高校的教学资源、学生入学水平以及人才培养规格和目标等差异较大,大学英语教学应坚持分类指导、因材施教原则,体现学校特色。大学英语根据三级教学目标提出三个级别的教学要求。基础目标的教学要求主要针对高考英语成绩合格的学生,是大部分本科毕业生毕业时应达到的基本要求。提高目标和发展目标的教学要求针对大学入学时英语已经达到较高水平的学生,也是为对英语应用能力有较高要求的专业所设定的要求。""各高校大学英语课程设置应考虑学生的不同起点和需求,充分体现个性化:既照顾到起点较低的学生,又要给起点较高的学生以发展空间;既要确保学生在整个大学期间的英语语言水平稳步提高,又要关照学生个性化的学习需求,以满足他们各自不同的专业和个人发展的需要。"(教育部高等学校大学外语教学指导委员会,2020:39-40)在具体组织教学过程中,应该根据班级同学英语水平的差异采取不同的方式。

2. 尊重差异性

差异性是多样化的来源,是思想政治教育应该尊崇的目标准则。课程思政背景下的大学英语课堂中,学生之间的差异性除了体现在英语水平的学科性因素外,还有学生心理、成长生活环境等其他方面的差异,语言学习固然强调基础,但是从思想政治教育的角度看,如果忽视学生这类学习之外因素的差异,会给大学英语课堂生态造成动力不均,从而导致大学英语课堂生态系统中出现失谐的因素,造成师生之间、学生与学生之间的生态失衡。

(二) 教师主体的建设

大学英语教师是大学英语课堂生态的另一个主体,对课程思政背景下的大学英语教学效果具有决定性意义。《指南》明确指出:"教育大计,教师为本。提升大学英语教师的育人素养、学科素养、教学素养、科研素养和信息素养是保证大学英语教学质量的关键。"(教育部高等学校大学外语教学指导委员会,2020:45)因此,建设一支师德高尚、爱岗敬业、业务精湛的高素质大学英语教师队伍是大学英语课堂生态教学健康、有序发展的根本保证。在课程思政背景下的大学英语课堂生态主体中,教师主体性的存在与否,发挥效果的好与坏,将直接影响到大学英语的课程思政效果和教学目标的实现。笔者认为,大学英语教师的主体性角色应该体现在以下几个方面。

1. 课程思政资源的整合者

在课程思政背景下的大学英语课堂生态中,教学资源来自师生之间交互的过程,既包括大学英语教师通过英语教材传授给学生的知识,也包括教师延伸到教材外的知识,还包括学生主体通过网络等其他途径获取到的知识信息,面对多源头的信息来源,作为课堂主体的英语教师应该对各种教学资源进行有效的整合,发挥资源的整合效应;没有整合的资源的影响力往往会大打折扣,甚至还会造成不必要的信息互相干扰,给正常的课堂生态运行造成信息传递层面的障碍。因此,课程思政背景下的大学英语课堂中,思政资源并非越多越好,还需要作为生态主体的英语教师对繁杂的资源信息进行去伪存真、去粗取精,才能确保信息传递的有效性和价值性。

2. 生态教学的课堂设计者

必要的教学设计是实现教学目标的保障。简单讲,教学设计就是以学习者的需求为出发点,根据一定的教育原理或者理念,确定学习者的需求和教学中需要解决的问题,来思考和谋划教学内容、过程、方式等具体形式的组织与管理。课程思政背景下的大学英语课堂与传统的大学英语课堂明显不同,它所依赖的课堂教学理念、教学目标、内容和形式等,更多地要聚焦在如何通过有效的课堂组织实现大学英语思想政治教育的目的。客观上讲,课程思政背景下的大学英语教学是一门学问很高的艺术,除了需要教师具备扎实的思想政治素质外,大学英语课堂的设计也至关重要。如何通过大学英语加强学生的思想政治教育,给大学英语教师提出了单纯传授知识之外的更高要求。

3. 学习方法的引导者

学习方法是学习者根据自己的观念为提高学习效果而采取的行动或者方法。积极有效的学习方法对大学英语思政课堂建设会产生积极的影响。思想政治教育是一种潜移默化的教育方式,需要润物细无声,单纯靠硬性灌输往往起不到好的效果。在课程思政背景下的大学英语课堂中,大学英语教师对学生学习方法的指导更多的是价值的引领,通过对课程中中西文化知识的讲授,提高学生文化鉴别和文化鉴赏力,真正增强学生的文化交流能力。或者通过大学英语教师积极的引导,提高学生透过现象看本质的能力。

4. 课程思政活动的组织者

课程思政背景下的大学英语课堂生态强调的是一种生态运行良性状态,具体来说就是注重教师与学生、学生与学生、学生与教学资源等之间的有序交流互动,而这种交流与互动要借助有效的课堂组织来实现。课堂组织的方式直接影响到课程传授的效果。在健康的课堂生态上,充盈着良好的课堂氛围,这种氛围能够为师生互动、学生学习创造更加积极融洽的环境,让相对乏味的思想政治教育活动变得更加灵活生动,教师乐教,学生乐学,师生关系就会更加融洽,学习效果就愈发有效。课程思政背景下的大学英语课堂中,思想政治教育功能在小组讨论、角色扮演、辩论、演讲等丰富多彩的课堂组织形式中可以更好地实现,相比一般的学科教学,课程思政背景下的教学应该更加注重人与人之间的交流互动,让学生在体验式教学中感悟思想政治教育的魅力。

5. 课堂生态关系的协调者

在大学英语课堂生态中,生态关系涉及师生之间、生生之间以及学生与课堂环境、课程资源等之间的关系。这些关系如何运转和相处决定了课堂生态关系的基本走向。在承载着思想政治教育功能的大学英语课堂中,大学英语教师对课堂生态关系的协调起着最为关键的作用。根据生态学的有关原理,在面对相同的学习资源的情况下,如果相对多的学生想同时争取到同一个学习资源,往往会引发学生之间的紧张关系甚至矛盾冲突,这时候就需要教师来对资源进行调配和协调。此外,在大学英语课堂上的思想政治教育因素的融入过程中,有时候可能会因为学生个人原因出现对相关内容消极对待的情绪,也需要老师进行引导纾困。

6. 学习任务的共建者

教学相长,教与学密不可分。思想政治教育注重的是人与人之间的交流,通过有效交流进行情感互动。教师在组织和指导学生学习的同时,也应该将自己置于与学生平等的地位。语言教学本身就需要教师与学生之间进行良好的互动。老师是学生思想追随的典范,课程思政背景下的大学英语教师为了更好地承担思政导师的作用,就要不断提升自己的思想政治素养,不断提升驾驭课堂的能力水平,塑造良师益友的形象,站在学生的角度去帮助学生解决学习中遇到的困难。

7. 教学效果的评估者

大学英语课堂评价的方式多元,既有课堂上的评价,也有课后延伸的评估,但英语教师作为课堂教学的主要组织者,是教学效果评估的主要制定者和参与者。教师可以通过设置科学的评估指标和观测点,对课堂教学效果进行评估,掌握第一手的反馈信息,诊断课堂教学的问题和不足。针对课程思政背景下的大学英语教学,更应该建立动态化的评估机制,定时对课堂生态效果进行评估,根据评估结果及时做好教学整改。当然,评估的组织实施还要充分考虑到学生基础的差异,纵向与横向结合,看到学生的进步和不足。

(三) 和谐师生关系的建设

"良好的师生关系是和谐的、具有生态性课堂氛围、激发学生学习热情的直接因素。良好的师生关系不仅会使学生对教师产生尊重与信任,而且会使学生把对教师的爱迁移到其所授的学科上来。"(李森,王牧华,张家军,2011:258)在大学英语课堂生态中,教师的教与学生的学是构成课堂教学的两个最基本的关系,良好的师生关系对于确保大学英语课堂生态的有序运行具有重要保障意义,是课堂生态运行的前提;在这个生态系统中,如果师生之间不能建立和谐的关系,就会对课堂生态的运行产生障碍,不利于建立师生之间互相尊重、互相理解的交往对话局面。从整个系统的运行看,教师在这种良好和谐的师生关系构建中发挥作用更大一些,在师生互动中起重要作用。要形成和谐的师生关系,教师可以从以下几个方面着手。

1. 尊重学生的主体地位

心理学研究表明,一个人在生存需要、安全需要以及从属和爱的需要得到一定程度的满足后,便开始对名誉、地位、成就给予较多的关注,这就是尊重的需要。教师尊重学生是师生关系上对教师的基本要求,是教师在日常的教学生活中对学生应有的最起码的态度和行为(李森,王牧华,张家军,2011:265)。课程思政背景下的大学英语课堂生态中,学生基本具有了学习英语的基础条件,每个学生掌握了一套适合自己的学习方法,形成了自己的学习习惯和思维,在强调大学英语思想政治教育功能的环境下,附加给学生学习的内容会有所增加,而且促使课堂评价的方式也做相应的调整,在这样的背景下,学生对大学英语教师的课堂期待会更高,期望能够从教师那里得到更多的价值引领和思想养分,教师只有认识到学生的这种处于主体地位的完整诉求,才能对学生采取正确的教育方式和态度,从内心产生相应的情感应对,从而建立良好的师生关系。

2. 采取恰当的教育方式

课堂生态强调的是系统要素之间的和谐与稳定。不同的教育方式会产生不同的教育结果,给学生造成不同的心理影响。有研究表明,在专制仁慈、专制强硬、放任和民主这四种类型的教育方式中,民主的教育方式产生的课堂教学效果最好(刘长江,2013:169)。课程思政背景下的大学英语课堂中,除了正常英语教学的任务外,还有思想政治教育的内容。思想政治教育是一个慢性的过程,靠的是"滴水灌溉"式的长期效应,如果过分强调教师的讲授、灌输,不考虑学生的心理感受和真实需求,最终很难产生好的教学效果,时间久了,必然会影响学生对教师的信任和尊重,给大学英语的课堂生态造成不可弥补的损伤。因此,课程思政背景下的大学英语课堂生态尤其需要注重民主平等对话关系的建立,这是课堂生态系统各因子实现良性活动的基础。离开了民主平等,对话的效果就会大打折扣,师生关系的和谐就会丧失基础。

3. 正确对待学生的问题

在大学英语课堂生态中,师生之间不同的反应可能会影响这个系统运行的稳定性。在课程思政背景下的大学英语课堂生态中,学生可能会觉得课堂生动性有所降低,课堂表现主动性有所下降,也可能有一些其他主观思想认识不到位的表现等。如何看待和对待学生在课堂上出现的这些不和谐现象?不同的处理方式会引发不同的生态反应,如果处理不得当,就会影响师生关系,进而对课堂生态造成破坏。因此,在处理诸如上述问题的时候,教师应该本着"对事不对人"的原则,充分尊重学生的合理诉求,换位思考,尽可能维护学生的尊严;要通过增强课堂教学吸引力,将学生牵引回归到课堂生态的正常生态位,而不是通过简单粗暴的冲动型举措下"硬手段",要拉近与学生的距离,要真诚走到学生中间去发现问题,增进与学生之间的空间距离、身份距离和情感距离。

三、课程思政背景下大学英语课堂生态的环境建设

课程思政背景下大学英语课堂生态的环境建设可以从宏观、中观和微观三个维度来考虑。从宏观生态环境来说,主要是以大学英语课堂这个生态圈为中心所形成的自然生态系统、社会生态系统、文化生态系统,即对大学英语课堂生态所产生的外部影响系统,对大学英语课堂生态具有制约作用;从中观生态系统来看,主要是围绕大学英语课堂生态这一微观系统,在学校层面所形成的对课堂生态的微观系统进行建设、制约、发展的各种规定,所有的这些规定构成了课堂生态的中观生态系统;从微观生态系统来说,主要是围绕大学英语课堂生态内部的生态因子及其互相关联所形成的系统(杜亚丽,2011)。从生态学角度看,构建一个符合课程思政理念的大学英语课堂生态,发挥大学英语的课程思政功能的首要任务就是构建一个良好的课堂生态环境。大学英语的课堂生态环境包括物质环境和非物质环境两个大的环境体系。物质环境包括自然因素、

时空因素和设施因素；非物质环境包括人际关系因素、文化因素、制度因素以及心理因素等。

（一）构建优美的物质环境

物质环境属于课堂硬件建设的范畴，是具体的实物。大学英语公共课程上课教室的流动性比较大，一般都是公共基础课共同使用的教室。我们在这里讲的课堂生态主要是这种基于大学英语公共基础课教学的课堂生态，所以我们也是从这个角度来解读课堂的物质环境。大学英语课堂要实现好课程思政的目标，从物质环境角度可以从以下四个方面来考虑。

1. 通过桌椅调整等变换教室的空间布局

开展思想政治教育需要有一个相对较好的交流空间，尤其是对于讨论式、合作学习式、探究式的教学方式，桌椅的布局会成为一种内隐的文化因素，对师生双方的课堂行为和个性化教学产生积极的影响。

2. 设置合理的课堂规模

就目前看，大学英语公共基础教学还没有完全脱离大班制的授课模式，一堂课可能是好几个专业的同学一同上课，这种大班制的授课模式会造成教学资源、手段、课堂交流等很多方面的限制，制约着课堂授课的效果。所以，如果能够实现人数在30～40人的小班制的授课模式，将会为构建更为有效的课堂交流，提高授课效果提供环境支撑。

3. 适当营造教室的文化气息

在一种充满文化气息，充满影响力和感召力的环境中上课，能够让人获得更加积极的感召。从思想政治教育润物无声的特点看，可以在教室的墙壁或者走廊等公共空间设置以中华优秀传统文化、中外文化交流等为主题的宣传栏，张贴名人画像、名言警句等，营造浓厚的文化氛围，从而对大学英语课堂生态的育人起到一定的辅助效果。当然，这种布置不能过于花哨，不能因为这类布置导致学生在课堂上精力分散。

4. 完善配套的硬件和软件环境

《指南》对硬件环境和软件环境建设提出了明确要求。就硬件环境看，大学英语教学应具备语言实验室、网络自主学习中心等基本硬件环境,并充分利用学校其他计算机和网络技术基础设施,满足教学活动的基本要求。各高校应通过校园宽带网或无线局域网支持大学英语课程的信息化教学。学校可根据实际需要建设专门的校园外语电台、数码编辑室、智能录播室、专用智慧教室、虚拟仿真实验室等硬件设施,为师生提供良好的语言教学和语言学习的信息化环境和条件。就软件环境看,大学英语教学软件环境是计算机网络支撑的教学环境,是课堂教学物理空间的延伸,包括支持网络课程教学的软件工具以及实施网络课堂教学活动的网络教学平台。比如,学校可以根据自身教学需求和特点,引进或者开发以网络教学系统为主要内容的网络教学平台。网络教学平台应具有交互性、共享性、开放性、协作性和自主性等基本特征,包括网络教学系统、自主学习系统、课程网站、网络课程资源库、数字化影视库、音视频在线点播系统、语言专项技能类 APP 训练与测评等主要内容。网络教学平台建设要与网络课程建设相结合。通过开发和建设网络课程,拓展学生学习空间,吸引学生在多媒体、多模态、多环境下选择适合自己需要的材料和方法进行自主学习,获得学习粗略的指导,使网络课程成为学生选择个性化学习内容、开展交互学习和自主学习活动、提升学习质量的重要途径(教育部高等学校大学外语教学指导委员会,2020:39)。综上所述,各学校应该根据《指南》的要求,有针对性地做好软硬两个层面的环境改善计划,为课堂生态运行提供基础保障。

(二) 建设健康的心理环境

心理属于深层次的环境因素,对于良好课堂生态的构建具有深远和稳定的影响。思想政治教育的效果好与坏在学生心理层面的体现也最为直接,在课程思政背景下的大学英语课堂生态系统的环境因子中,心理环境因子对于整个系统的有效运行,发挥着不可忽视的作用。这种心理环境主要从以下两个方面来营造。

1. 营造宽松、民主、平等的课堂氛围

在和谐、融洽、欢快的人文氛围中,学生的个性才能得到解放,在自由而奋发进取的氛围中展现出生命的活力。为了营造一种良好的内部环境,教师应该平等地对待学生,与学生开展对话交流,因为"人类要达到'协同性',没有什么路好走,只有诉诸对话"(李森,王牧华,张家军,2011:269)。同样,平等对话交流也是思想政治工作的有效方式。只有站在平等交流的位置,师生之间的交流才能够深入,才能产生情感的共鸣。本质上来讲,思政背景下大学英语课堂生态教师与学生主体之间的接纳与尊重是相互的,不仅仅要接纳和尊重双方意见一致的思想、观点和行为,也要接纳和尊重双方暂时无法取得一致的想法或者观点。只有在这种平等、宽松、民主的氛围中,师生之间的交流与接纳才具有发生的可能性。从生态学上来讲,师生之间的这种平等、民主的生态站位为系统良好运行提供了必需的环境生态因子。

2. 培养学生文化自信和自立自强精神

从大的背景看,课程思政改革的目的就是为了强化课程的思想政治教育功能,让学生从普通的专业课知识中深刻领会思想政治教育的价值和意义。从课程特点看,大学英语是一门基于中西文化比较的语言教学,具有比较强的工具性和实用性特点。《指南》强调:"在教材建设上要自觉坚定文化自信,坚持中华文化的主体性,坚守中国文化的话语权,充分体现中国特色、中国风格。在教材内容的选择上应自觉融入社会主义核心价值观和中华优秀传统文化,引导学生树立正确的世界观、人生观和价值观。"(教育部高等学校大学外语教学指导委员会,2020:40)也就是说,从《指南》对大学英语课程的定位来看,培养学生的文化自信、自立、自强精神是课程思政背景下大学英语教学的价值使命和任务。自信、自立、自强精神的培养一方面来自大学英语课程教材内容的熏陶,从大学英语课堂生态系统来说,属于系统的供给问题,也就是说需要向大学英语课堂生态系统提供足够的养分。教师应该用一颗包容的心来对待学生,让学生在宽松的氛围中振奋士气。在理想的大学英语课堂生态中,教师通过中西方文化的对比,让学生能有独立的思想和独立的判断,能够从错综复杂的文化现象中鉴别真伪,不为外部世界的繁杂现象所干扰,保持从容不迫的姿态,坚持自己正确的观点,增强追求真理和进步的勇气和力量。最可贵的就是要让学生在英语课堂中,通过中西文化的比较,增强战胜困难的底气,培养勇于面对挫折的意志品质和毅力,真正唤起自主意识,更加积极主动地面对生活。

(三) 打造健康的文化环境

课堂文化是教师与学生所拥有的价值观和行为方式在课堂上的具体表现,对课堂教学具有潜移默化的影响。一种积极健康的课堂文化环境不仅能够提升课堂效率,激发课堂活力,而且对课堂生态系统的运行具有支撑作用。接下来,我们就围绕构建健康的文化环境来探讨课程思政背景下的大学英语课堂生态的运行问题。健康的文化环境主要体现在以下几个方面。

1. 建设以学生为中心的课堂文化

课程思政背景下的大学英语强调了课程思政的价值导向,这种导向无疑更加确立了以学生为中心的课堂教学观。在大学英语课堂生态中,大学生正处于人生观、世界观和价值观尚未完全定型的关键期,课堂文化对他们的影响也是不可忽视的。在积极健康的课堂生态中,师生之间能够良性互动。教师注重温馨的人文关怀,真正赋予大学英语课堂思想政治教育的意义;学生会逐渐被熏陶,形成良好的学习思维习惯。在大学英语课堂两个生态主体的共同努力下,教师的授课观、学生的学习观就会逐渐融合形成独特的课堂文化,彰显大学英语课堂生态的本质与价值。这种以学生为中心的课堂文化本质上还是强调以学生为主的教学观,把自主空间交给学生,消除传统课堂基于"威严"的教学观,改善师生地位,消除师生之间的不平等因素,真正体现民主、平等的原则,营造良好的课堂生态氛围。学生在备受尊重的氛围中体味大学英语的课程价值,在轻松愉悦的氛围中增强学习效果,在丰富多样的教学方式中培养合作能力和精神。从某种意义上讲,构建以学生为主体的课堂文化是课堂生态的一个基本前提。

2. 打造以对话为载体的课堂文化

如前所述,课程思政背景下的大学英语课堂生态在注重英语知识传授的同时,更加注重对学生的思想政治教育,而"对话是人们惯常使用的有效的交往策略,思想政治教育作为与人发展紧密相关的教育活动,必然要顺应人际交往发展,将'对话'融入教育教学中,使其成为大学生思想政治教育开展的方法论指导"(刘庆昌,2001:65-69)。强调对话,实际上还是从师生地位出发,将民主、自由、合作等传统的哲学思想贯彻到课堂教学过程中去。这种对话具有三个基本特征,第一是非中介性,强调对话是"我—你"之间的范畴,没有任何中介的介入;第二是互动性,即教师与学生之间的关系是相互的;第三是生成性,即这种关系是必然的,最终结果是必然要发生的。在课程思政背景下的大学英语课堂生态中应该如何体现这种以"对话"为特征的课堂文化,笔者认为,以情境创设为载体可以更好地搭建师生对话的平台。

(1)设计"表演情境",在表演中实现大学英语课堂生态教学内容的情景化。美国心理学家布鲁姆认为:"一个成功的外语课堂教学就是应当在课堂内设计更多的教学情境,从而使学生能有机会运用已经学到的语言材料。"(刘华,宋雪梅,2007:85-86),这里强调语言教学的交际性和实践性结合的重要性。当然,设计的时候要注意把握设计的合理性。教师要根据教学目标、学习对象、教学内容进行合理设计,根据教学任务的需要选择合适的设计方案,提高大学英语课程思政的育人效果。

(2)设计"模拟对话",在模拟中实现课堂生态教学环节的动态化。具体来讲,就是要与教材内容紧密结合,结合教学目标实现的需要,参考教材中已经给出的对话练习材料,让学生在课堂对话的情境中进行充分的言语交流和行为交流,让学生在这样的情境中得到提升。这种教学方式会增强教学的直观性,营造"学以致用"的轻松氛围,让原本枯燥的思想政治教育生动鲜活。

当然,以情境为载体构建对话教学模式,还应该注意以下问题。

(1)要有适当的教学规模作为保障。当前,在大学英语课堂中,大班制授课还是比较普遍的,教师与学生的比例关系不合理,存在失调问题,这就要求英语教师发挥主观能动性,通过互联网、视频课件等教学资源,将思想政治教育的元素巧妙融合到课程资源中,尽可能打造一个互动性强、具有真实情境的平台,尽可能融入大班教学的环境中去。从长远看,还是要积极推进小班制教学,从根本上为构建良好的大学英语课堂生态创造坚实的物质条件。

(2)要做到形式与内容的搭配。要根据《指南》的要求,结合学校的人才培养工作方案,尽可能多设计具有生态性的、以真实情境对话为主的教学内容,并结合恰当的教学方法,在班级内多实行分组讨论和学习,消除部分学生因为班级学生人数较多而产生的学习焦虑(苏波,2015)。总之,对话是意义的表达、解读、转换和创生的过程,是师生在真理探究、价值建构中的平等交流、双向互动的过程。有了对话,才有真正意义上的沟通与理解,才能产生有价值的互动,从而在这个基础上实现彼此间的尊重和行为的协调。从大学英语课堂生态系统看,这种基于对话的文化氛围是能有效融消不同生态位上生态因子之间运转障碍和不和谐因素的有效方式,尤其是构建最主要的生态主体师生关系的"金钥匙",必须予以高度重视。

3. 建设充满智慧的课堂文化

真正有价值、有意义、有文化品格的课堂一定是充满智慧的。课程思政背景下的大学英语课堂生态已经远远超出了传统意义上的大学英语课堂的定义。它不仅仅是强调教会学生使用外语这门工具,更重要的是要教会学生如何使用这门工具去探索更为广阔的世界、如何使用这门工具在繁杂的西方文化乱象中保持从容和自信,真正肩负民族大任。从这个意义上来解读,有文化品格的外语课堂,一定是集结了智慧的光芒。这种智慧的光芒体现在以下两个方面。

(1) 从内容看,集结了丰富的思政资源。以现有的教材为基础,充分挖掘了大学英语课程所集聚的思政资源,既有人与自然生命共同体的理念,也有中华传统文化和美德的表达,一堂有文化品格的大学英语思政课程一定将思政元素与课程资源充分、有机融合。

(2) 从形式看,一堂充满智慧的大学英语课堂一定是教学方式多样化的教学。在这样的课堂上,既有师生之间以对话为主要形式的情境设计实践,也有大学英语教师依托互联网、新媒体呈现的视频资料,充满了创造和变化,激发学生不断地进行知识更新以及与教师形成积极有效的课堂互动。

(四) 建立规范的制度环境

制度文化是一种嵌入式的静态文化形式。从课堂生态运行的过程看,它不一定以某种必然出现的方式存在于课堂生态运行的过程中,但是它作为一套规则体系,对秩序的保持和营造起着至关重要的作用。没有制度文化的保障,课堂生态系统的健康运行就会失去有力的保障,成为一种无规则运行,问题必定层出不穷。有学者认为:"课堂是人为的、优化的生命发展环境,是人类理性指导下的制度化产物。课堂的效率是以课堂制度做保障的。课堂制度是课堂行为规范的总称。它介于有形的课堂物质成分与无形的课堂价值成分之中,实现了观念和物质的合一。它将课堂内各要素、各行为联结,整合为一个有序的整体,保证课堂高效率的运转。"(金建生,王嘉毅,2005:6-8)从这个角度看,任何教学价值观的实现必须以制度作为保障。

由于课程思政背景下的大学英语教学被赋予了新的价值与使命,作为课程改革的新目标和新要求,要实现好这种改革的目标任务尤其需要一套完备的制度作为引领和保障。这种制度对课程思政背景下的大学英语课堂生态是一种规范和价值引领,而且要随着大学英语课堂生态的运行进行调整和完善。就制度的特点来看,目前主要有两类,一类是正规制度,一类是非正规制度。正规制度一般是由学校官方制定的,旨在对大学英语教学的基本要求、基本课堂秩序等进行规范,具有普遍性的约束效力。非正规制度一般是由教师和学生基于课堂运行的保障而做出的正规制度之外的约束。它一般是基于课堂教学的实际需要,针对性更强,内容比学校的要求更加具体和更具可操作性。从保障大学英语课堂生态运行的角度看,可以从以下两个方面入手。

1. 做好制度的制定与完善

制度是否科学、合理、有效是衡量课堂文化建设水平高与低的一个重要标志。它反映的是一个课堂生态系统顶层设计的理念与水准,也是课堂教学管理水平高低的体现。在制定课程思政背景下大学英语课堂生态相关制度规定时,必须以习近平总书记关于高校思想政治教育的重要讲话和重要论述为根本遵循,以党和国家的教育政策法规为依据,以《指南》为主要参考,结合学校大学英语课程定位和学生的实际情况,在统筹上述综合因素的基础上而谋划确定。制度既要体现先进性,又要具有可操作性。制度一旦研究确定,就有一定的稳定性和强制性。随着时间的推移和客观情况的具体变化,课堂规章制度也会出现一些不适应现状的现象,这就需要在保证学校制度基本稳定的前提下,对不适应的地方进行调整和修订。从目前实际情况看,高校一般都通过《大学生守则》《学生日常管理规定》等制度对学生的课堂秩序行为做出约束;通过《教师守则》《加强师德建设的意见》等制度对教师的课堂言行等做出规定和规范,这些都属于宏观层面的制度约定；从微观层面看，不少高校针对大学英语这门课程制定了培养方案、课程思政建设方案等具体的操作层面的制度，当然，这里面也涵盖了多媒体使用管理、实验室语音室管理等微观层面的制度。宏观和微观层面的结合，为课程思政背景下的大学英语课堂教学提供了制度规范，既规范了教师的行为，也规范了学生的学习习惯，为大学英语课堂的有效组织实施奠定了基础。从大学英语课堂生态运行的角度看，这些制度规范作为特殊的生态因子存在于特殊的生态位，发挥了规范、调整其他生态因子交往、交流的作用，为确保大学英语课堂生态的整体平衡性和稳定性发挥着不可替代的作用。

2. 抓好制度的实施

制定制度是前提，但不是规范课堂生态的目的，抓好制度的贯彻执行才是规范课堂生态秩序的关键。制度实施的关键是看在师生层面的实施效果，可以从教师与学生两个层面来把握。

（1）观察教师的教学行为是否规范。强调课程思政背景下的大学英语教学，主要从三个方面来观察教师的行为，一是看其组织能力，是否将课程思政的价值导向、目标导向与教师的备课、课程资源构建等结合起来，实现了较好的融合；二是看其教学理念，是否将课程思政的要求与以学生为本的教学理念有机融合，将课程思政的理念贯穿到备课、教学、评价等各个环节中去；三是看其教学机制是不是为课程思政背景下的大学英语课堂做保障，是否能及时捕捉课堂上各种与课程思政不和谐的信息并作出快速反应、采取有效措施，不断推动课程思政的实质性完善与发展。

（2）观察学生层面的接受程度。一是要抓好学生的宣传教育，让学生充分认识到大学英语课程思政改革的价值、目标，将自觉遵守相关制度内化为自己的课堂行为，内化为培养良好学习习惯的动力；二是要对课堂秩序、违规行为及时进行矫正。面对课程思政这类新鲜的东西，学生在适应、接受时难免需要一个过程，关键是要针对一些不好的、苗头性的倾向及时介入，有实质性损害的就要及时纠正，确保生态系统的良性生态因子发挥生态位应有的功能。

综上所述，课程思政背景下的大学英语课堂生态建设需要多个生态因子发挥整体的作用。整体系统的平稳运行不是一朝一夕、靠单个生态位的因子，而是需要各个生态位因子之间互相合作，各自在自己的生态位上发挥好作用的同时，加强协同沟通。因此，进一步研究和掌握各个层面因子的生态位以及它们发挥功能的环境条件是研究大学英语课堂生态系统时刻关注的核心问题。

四、课程思政背景下大学英语课堂生态的评价体系构建

《指南》明确指出："评价与测试是检验教学质量、推动大学英语课程建设与发展的重要手段。各高校应依据本指南所确定的教学目标和教学要求，建立科学的评价与测评体系，系统采集有关大学英语课程和大学生英语能力的信息，通过多维度综合分析，判断大学生英语课程和大学生英语能力是否达到了规定的目标，并为大学英语课程的实施与管理提供有效反馈，推动大学英语课程的改革和发展，实现大学英语教学质量和大学生英语能力不断提高的总体目标。"（教育部高等学校大学英语教学指导委员会，2020:23-24）从《指南》要求可以看出，对大学英语教学的评估，从评估对象看，既包括对学生的评估，也包括对教师的评估；从评估的内容看，既包括对学生学习的效果评估，还包括对教师教学态度、手段及课堂组织能力的评估等。这些评估的内容整合在一起就是要构建多元化的评价体系。

一种良好的思想政治教育模式，需要思想政治教育的双方彼此重视和尊重。课程思政背景下的大学英语课堂生态一个值得关注的点就是大学英语老师对学生的评价会引起学生什么样的反应。是积极能动的，还是消极被动的？只有当教师的评价让学生产生积极的心理反应时，课堂生态才是正向的。由于受教育的时间、水平不同，一般来说，教师与学生的知识认知不处于一个水平线上，老师的整体水平要高于学生的认知水准。如果老师总是以自己的认知视野去评价学生的认知能力，以自己的水平去要求学生，就会人为造成评价的心理偏差，拉大师生之间的心理距离，导致不合理的评价方式产生，影响师生关系。应该说，自课程思政建设启动以来，现行的教育评价方式存在不少需要改进之处。一是评价主体的单一性。目前多数的评价方式还是以英语教师为中心的评价，评价成了管理者的单向活动，评价的方式也是自上而下的，学生是被动的评价者，话语权不够；二是评价的内容和对象也比较单一。评价的对象主要是

学生,缺少对教师、管理部门以及教学环境等的评价;评价的内容主要是对教师教学效果的评价,对学生的潜能等评价不多。三是评价的目的相对单一。评价还是没有脱离应试教育的影子,只是从某种程度上检测了学生的学习效果,测试的方式还基本上以"考"定结论。在课程思政背景下的大学英语课堂中,对学生的素质养成、跨文化交流的能力等方面关注不够,因此,在课程思政背景下进一步探讨构建多元化的评价体系十分必要。

(一) 构建多元的评价主体

一个完整的大学英语课堂生态系统是包含教师、学生、教师与学生、教师与教师、学生与学生、教师与管理者等多个维度的系统集合。从完整性看,对这个系统的评价应该是一个多位态的评价,评价的主体涉及教师对学生的评价、学生对教师的评价、学生对学生的评价、教师对教师的评价、学生对管理部门的评价、教师对管理部门的评价等多种交叉的评价。这些评价不是单向的,而是双向的,他们在互相了解、互相尊重的基础上进行客观的评价,确保反馈信息的及时性和准确性,有助于大学英语课堂生态的健康平稳运行。

(二) 注重评价对象和评价内容的多元化

从教学评价的目标看,教学评价是为完善和改进教学活动提供参考。基于这个角度,只要有助于优化教学,评价的对象可以更广,可以是教师、学生或者管理者,也可以是上述几个主体之间的交叉,还可以是课堂教学相关的教材、教学环境等。针对不同的评价对象,评价内容也可以呈现多样化。比如,如何体现课程思政背景下大学英语课程的评价重点,从这个角度看,对学生的评价可以拓展到情感、潜能、个性、交际能力等多个层面。只有这样,才能及时了解和评价学生在思想政治层面表现出来的特征,为及时加强和改进大学英语课程思政功能提供决策依据。

(三) 注重评价目的和功能的多元化

为了避免评价的盲目性,必须清楚评价的目的和功能。归结到一点,评价是为了判断和获取更加有效的信息反馈,以便改进和服务教学,更好地实现大学英语课程思政功能,这是课程思政背景下大学英语课堂评价的真实目的。因此,评价不能停留在对学生学习效果的评判,不能以某个分数作为评价的结论。

评价的目的还可以聚焦在判断学生的学习潜能,判断学生的从业走向、判断教师的教学方式、判断相关部门的管理水平等,这些判断都归结于不同的功能,当需要某个功能的时候,就可以通过功能实现的需要来进行诊断和修正。

(四) 注重评价手段的多样化

课程思政背景下的大学英语课堂的测试应该采用定量评价与定性评价结合的评价方式。根据不同的需要采取不同的测试方法,比如,要了解学生的现有水平,就应该进行水平测试;要测试学生的学习潜力,就应该注重潜能测试。上述这些测试可以以定量为主,得出评价的指标。相对于传统大学英语的测试要求,针对学生思想政治功能方面的测试不易于实现,不好单纯用分数来衡量,很多情况下需要借助定性的方式或者定量与定性结合的方式进行评价,得到的信息反馈可能更加真实和有效。对于评价的具体方式,也不能将纸质考试作为唯一的手段,可以根据评价的目的、形式选择更加多样化的测试方式,比如面谈、师生座谈、问卷调查、同伴互相评价、专家评价等不同的方式。从具体方式上来看,测试内容可以是传统的纸质的,也可以借助现代信息技术手段来实现。

总而言之,要针对课程思政背景下大学英语课堂生态面临的特殊情况和特殊要求,着眼于构建更加多元化的评价体系,坚持评价主体多元化、评价对象和内容多元化、评价目的和功能多元化、评价方式和手段多元化等,在具体操作过程中,坚持沟通、对话,采取积极稳妥的方式,构建合理的评价体系,彰显好评价体系的生态功能。

第五节　课程思政背景下大学英语课堂生态重构案例

一、词汇教学课堂生态的组织构建

(一) 词汇教学述评

词汇是语言构成的最基本要素,是整个语言系统赖以生存和延续的重要支柱。"如果把语言结构比作语言的骨架,那么是词汇为语言提供了重要的器官和血肉。"(Hammer,1990:158)因此,词汇是语言的基本构件,是语言系统中必不可少的重要组成部分,任何语言的表达与交流都离不开词汇。英语语言学家Wilkins(1972:48)在《语言学与语言教学》中说:"我们不能接受语法比词汇更重要的说法,事实是:没有语法几乎什么都不能表达。然而,如果没有词汇则什么也传达不了。"由此可见,词汇对于语言表达和语言学习具有基础性的作用。词汇量的大小不仅影响英语学习者的阅读理解能力与水平,还会直接影响到学习者输入与输出的技能与水平。输入性技能又称为接受性技能,主要表现在听力理解方面,输出性技能又称为产出性技能,主要表现在写作方面,而输入性与输出性综合技能的本质就是语言的交流与沟通。因此,词汇学习对于英语学习者综合技能的提高具有至关重要的作用。

实际上,英语词汇研究最早始于西方国家,而且起初被看作语法的附属品,在很长的一段时间里处于被"冷落"或边缘的地位。比如,20世纪30年代结构主义大师Bloomfield(1933:274)主张"词汇其实是语法附录,表现为不规则基础形式的列表"。20世纪50年代末转换生成语法创始人乔姆斯基则认为语言学研究中句法自主,直至20世纪末新世纪初才由学者Sinclair(2004:164)提出"词汇语法"的概念,将词汇研究和语法研究放在了同等重要的位置。后期随着新兴研究范式的出现,随着语料库语言学与认知语言学的兴起与发展,词汇研究逐渐摆脱作为语法研究附属物的束缚,成为一个独立的研究领域吸引了越来越多学者的关注。

国外学者对于英语词汇学研究的关注,也激发了我国学者和教育界对于英语词汇研究的兴趣。据调查,我国学者和教育界对于英语词汇的研究始于20世纪末。在之后的十多年间,研究视角及理论多集中在认知心理学(吴世雄,1996;黄冬芳,2001)、认知语言学(梁晓波,2002;谷小娟,2002)、语义学、语体学及语用学(陆巧玲,2001;吕道利,2004)、跨文化交际(束定芳,1995;王宗华,刘振前,1994)及语料库(濮建忠,2000;梁三云,2005)等多个方面,研究方法上多以思辨性的理论探讨为主。进入新世纪以来,实证性研究逐渐占据主流,多集中在教学模式、方法及策略等实践性主题方面,研究理论和视角也更加多元化、综合化。除去方兴未艾的认知语言学、语料库语言学及二语习得之外,还包括意象图式理论(刘丽华,李明君,2008)、语境理论(王宁,钟庆伦,2008)、隐喻理论(陈海燕,汪立荣,2013)及多模态教学(叶家,曾杰,2016)等。研究理论、研究视角和研究焦点的多元化和综合化正反映了我国学者和教育界对英语词汇的关注与重视,致力于探讨如何通过英语词汇研究和词汇教学提高学生的英语技能与水平。

(二) 课程思政理念下大学英语词汇教学基本原则

毋庸置疑,英语词汇研究的多元化为大学英语教学提供了良好的理论借鉴,促使一线英语教师不断改善词汇教学模式、教学策略和教学方法。在新的时代背景下,随着我国高等教育规模的不断扩大,信息化、科技化教学手段的日益普及,双向跨文化交际人才需求的与日俱增,大学英语词汇教学应主动、积极地融入思想政治教育元素,使课程思政的育人理念在大学英语词汇教学环节落到实处,切实满足大学英语教学改革实效性、人文性、工具性和数字化的要求,更好地适应新文科的建设要求,推动国家“十四五”规划发展目标完成。

课程思政教育理念下,大学英语词汇教学应关注并遵循以下原则。

1. 关注知识性与价值性相统一的原则

知识性和价值性相统一的原则是英语词汇教学乃至整个大学英语教学应该遵循的基本原则,也是大学英语课程思政的根本要求。所谓的知识性,是指人们在从事的认识活动或实践活动中形成的对于某种事物的一种看法、观念或意识。它可以是显性的,也可以是隐形的,既可以语言文字、标记符号以及绘画图形等外显的形式存在,也可以情感情绪、通感直觉、经验体验等内隐的形式存在。所谓的价值性,是指客体所具有的能够满足主体某种需要的属性,事物的价值性是一种抽象意义上的客观存在,它一方面独立于人们的认识、感知与评价之外,同时又依赖于主体的想象、追求、创造等实践活动。

众所周知,英语词汇有褒义、中性和贬义之分,有外延意义(denotative meaning)和内涵意义(connotative meaning)之别。词汇的外延意义和内涵意义相互联系、相互作用且相互依存。词汇的外延意义又称概念意义(conceptual meaning)、认知意义(cognitive meaning),即词典中指示、赋予的含义,它指的是词和所指代的物体之间的关系,也是该词的核心意义和基础意义,是语言交际的核心因素。由此可见,外延意义是英语词汇教学的重点,在教学过程中坚持知识性的根本原则就是要求教师从词语的众多意义中精心挑选出其最基础、最典型的外延意义或概念意义,从而加强学生词汇量的积累,拓宽学生的知识维度,丰富学生的国际视野。词汇的内涵意义,是外延意义的延伸和补充,是人们在外延意义的基础上通过联想进而获得的一种隐含意义,反映了某个单词或词组在人们头脑中的情感联系。关注英语词汇教学的价值性就是要求教师强化正面、积极的情感联想,挖掘词汇内涵意义与外延意义深层次的价值因素,借助词汇的内涵意义塑造学生正确的世界观、人生观和价值观。

2. 关注学习主体心理特征原则

教育过程是教师和学生共同活动的双向、双边过程。在以人为本的现代教育理念中,教师应该主动打破传统意义上以教师为主体,学生为客体的思维定式,充分尊重学生学习主体的群体认知特征,落实教师作为服务者,学生作为学习者的课堂组织观,努力打造关注、凸显、尊重新生代大学生学习主体特征的课堂生态。在改革开放的大背景下,伴随着我国教育规模的迅速扩大,以及全球化、信息化的迅速发展,中国已经成为世界高等教育大国,"00后"大学生已经步入大学校园,成为大学校园的主力军。因此,落实立德树人根本任务,守好大学英语教学这段渠,种好课程思政责任田,要求我们认真分析、把握"00后"大学生这一学习主体的心理特征。

总体来说,"00后"大学生的心理特征主要表现在以下几个方面:第一,政治观念整体正确与理想信念具有模糊倾向并存。第二,道德认知基本清晰与价值取向偏重个体化并存。第三,心理情绪总体稳定与抗挫能力较弱并存。我们相信,绝大部分大学生认同中国特色社会主义发展道路,且以实现中华民族伟大复兴的中国梦为奋斗目标,能以二十四字的社会主义核心价值观为行动规范,并以积极健康、阳光向上的心态时刻准备着迎接生活。但是,我们也应该实事求是地承认,在当今开放多元的国内外社会思想文化的影响下,对于思想上、心理上正处于成长期、趋于成熟期的大学生来说,他们的政治立场与道德观念具有极大的不稳定性,一直成长在相对和平环境中的他们面对挫折极易产生消极情绪。英语词汇教学在引领学生学习西方语言知识、提升语言技能的同时，应主动落实课程思政教学观，利用丰富的英文词汇引导作为学习主体的大学生树立崇高的理想信念、坚定政治信仰、提高政治认同，树立正确的集体主义价值观，并正确对待理想实现过程中的风浪与激流。

3. 关注信息技术日益普及化原则

新时代背景下，信息技术的革新与迭代浪潮推动着教育结构、教育形态和课堂生态系统的再塑与重构，教育信息化已经成为高等教育改革、创新与发展的一个重大命题。2020年版的《大学英语教学指南》已经明确提出："大学英语应充分发挥现代教育技术特别是现代信息技术在英语教学中的重要作用，大力推进现代信息技术与课堂教学的深度融合。"这一要求明确了教师在提高信息技术素养、整合教学资源的同时，也应为英语词汇教学融入课程思政提供了良好的条件支持。

我们可以从两个方面将英语词汇教学的课程思政落到实处。第一，网络化、信息技术的日益普及化使学生面临的信息呈现海量化、闪速化的特征，通过慕课（MOOC）、微课以及各种英语学习软件接触到的信息更加全面、更加灵活多样，同时学生的选择也更加个性化。在课程思政理念指引下，教师可以主动在"琳琅满目"的海量知识中引领学生跟踪正面时政热点、关注双语版年度十大用语，并将单元所学词汇与国际时政新闻密切结合，进而为学生提供思想定力，增强对主流价值观的认同感。第二，信息技术的日益普及化使得学生的学习时间与所学知识呈现碎片化的特征。在当今各大高校大学英语教学面临课时趋于减少的情况下，充分利用学生碎片化的时间以整合学习资源不失是个良好的选择。学者Hayati等（2013）指出：移动终端学习因及时性和靶向性的缘故，取得了更好的反馈效果，更受学生的欢迎。教师可以借助移动端，依托U校园、云班课、QQ群等辅助教学软件，定期与学生保持线上交流与探讨，分享热点文章、串联热点词汇，提高学生学习主动性。

4. 关注教与学、学与用相统一的原则

教学是"教师的教和学生的学"的有机统一，这是教育的本质要求，也是教育的首要目的。如果教师的教离开了学生的学，再好的教育模式也培养不出

优秀的学子。长期以来,由于受课时较少、教学任务繁重、师资不足、资源匮乏、学习动机不强等众多因素的影响,英语词汇教学一直处于教与学相互分离状态,严重影响了学生词汇学习的有效性。因此,要想提升学生词汇学习的实效性,必须遵守教与学相统一的原则,调动学生的学习自主性与主动性,切实实现学以致用、知行合一。

学与用相统一,学以致用,最根本的是把理论知识与实际应用联系起来,通过实践练习深化对理论知识的认识与理解,最后达到熟能生巧、举一反三。英语词汇的学习如果离开了学生的练习与实践,那么单词和学生是永远分离的。课程思政理念下的英语词汇教学也应该关注教与学、学与用相统一的原则。

(1)重视语境创设的重要作用。英语词汇的学习终归要运用到具体的语境中。因此,教师可以在新词讲解、词汇测试等环节尽可能选取与创设融入思政教育元素的例句或段落。通过具体的思政元素语境,学生一方面可以掌握单词或短语的含义及用法,另一方面可以了解例句表达的思政信息。

(2)重视第二课堂的隐性育人功能。丰富多彩的校园文化活动是大学生学与用紧密衔接的良好途径。词汇大赛、词达人大赛、演讲比赛、英文歌曲大赛等,都可以选取具有思政元素的素材,一方面让学生通过比赛练习并检测了所学,另一方面精心选取的具有课程思政功能的素材在学生备赛的反复练习与激情朗诵中润物无声地起到了价值引领的作用。

5. 关注语言与文化相统一的原则

语言是一种符号系统,其中,语音符号系统和书写符号系统共同构成了某种语言的语言结构。同时,语言又是一种具有文化属性的符号系统。文化,是一个地区经过长时间的发展而积累下来的一种特定的行为方式,包含该地区特定社会成员的理念、信仰、思维、态度、风俗、行为以及社会习惯等,是人类在生产劳动中创造出来的物质财富与精神财富的总和,是人类智慧的结晶。语言是文化的一部分,是精神文化的体现,是文化的精神符号表征。语言表述着文化,同时又承载着文化,是文化的传播方式,是人类思维和文化交流的最主要的依赖方式。因此,语言与文化是相互依存、相互融合、相互沉淀、相互发展的。

语言与文化的关系决定了语言教学必须与文化教学相结合而进行。词汇是构成语言的最基本要素,是学习一门语言的基础。文化对语言的影响主要体现在词汇上,束定芳(1995)指出,文化原则是外语词汇教学所必须遵守的原则之一,也是词汇教学的最佳途径之一。大多数英语词汇来源于西方,西方文化特色极其明显。因此,词汇教学中必须关注并遵循语言与文化相统一的原则。借助词汇引领学生去思考、了解词汇背后的文化差异及其根源是非常重要的,同时也为英语词汇教学落实课程思政教育理念创造了良好的机会。因此,英语词汇教学借助词汇,使学生了解西方文化,扩展学生文化视野的同时,应及时导入中国文化元素,培养学生对中西方文化差异的鉴别力和敏锐性,并引领他们了解中西文化差异根源于不同的地理环境。由此可见,在英语词汇教学环节进行双向跨文化教学,不仅有助于培养学生的双向跨文化交际能力,有助于引导学生养成尊重、宽容、开放与平等的跨文化意识,同时,更有助于让学生增强民族文化意识、提高民族文化认同、树立并坚定民族文化自信。

(三) 关于大学英语词汇教学策略与方法

词汇教学是外语教学的基础环节,也是重要环节。但如同前文所说,由于学生规模扩大、大班教学、课时有限、师资匮乏等众多因素,大学英语词汇教学长期以来一直处于被忽略或被轻视的附属地位,导致目前的大学英语词汇教学存在着一些问题。比如,一次性灌输的词汇量过大、新单词的重复频度不高、词汇内在关联度不够、词汇学习指导策略较少、词汇与句子分离、学与用分离、语言与文化分离。这就导致学生虽然把大量的时间和精力花费在了词汇上,但实际成效不高,造成了高投入低产出的局面,久而久之,学生身心疲惫,陷入了进退两难的困境,也逐渐丧失了英语学习的兴趣和动力。

国内学者和一线教师对英语词汇教学策略和方法的研究和探索一直没有间断。伴随着研究和实践出现的一系列词汇教学策略和方法也对英语词汇课堂教学带来了不同程度的影响,对英语词汇教学质量的提升发挥了不同程度的作用,如直观教学法、机械记忆法、联想法、语境法、词块法、关键词法、词汇分类记忆法、分层教学法、支架式教学法、概念型教学法、自主学习与合作探究教学法、产出导向法。每一种教学策略和方法都有它存在的价值,不能轻易地否定或淘汰任意一种,教师需要根据现实情况,进行多种教学策略和方法的资源整合,借助各自的优势为词汇教学提供助力。与此同时,教师还要及时追踪前沿教学理论,借助有效教学理论的指导,深入探索与创新高质有效的英语词汇教学策略和方法。近年来,在认知语言学、语料库语言学和二语习得理论的影响下,词汇教学的相关理论认知也随之发生了较大的变化。丁韬(2020)指出,在词汇丰富性的测定方面,摆脱了原来单一的词语计算模式,发展出了"词汇、词项、词族"(the word, the lemma, or the word family)"三位一体"的统计方法。这符合国外二语习得研究领域的评判标准,即学习者的词汇量一般不用"单词独语"(single word)作为计量单位,而是以"词族"(word family)作为计量单位。虽然目前中外词汇的单位计算方法没有统一,但是也给我们的英语词汇教学带来明确的启示,正如 Schmitt 在 2008 年提出的,中国大学生在英语词汇的学习与过程中,不仅要掌握根词本身,也要深入一步进而掌握其"词族成员"。例如,单词 migrate,除了掌握根词 migrate 之外,还应该掌握migrates、migrated、migrating、migrant、migration、migratory、emigrate、emigrant、emigration、immigrate、immigrant、immigration 等词族成员。

翻译理论家奈达(1998)指出,英语词汇有"多义性、习语性、文体性、文化性、非对应性"等五个方面的特点。这也再一次说明有效的英语词汇教学策略和方法需要综合考究多种因素,包括情感因素、认知因素、文化因素以及经验因素等。由此可见,大学英语的词汇教学策略不应该是静态的、单一的、孤立的,而应该是动态的、多元的、协调的。

二、词汇教学设计案例

以《新视野大学英语读写 3》(第三版)(以下简称《读写 3》)Unit 3 Life Stories Text A: Audrey Hepburn—A true angel in this world 为例。本文是一篇记叙文,讲述了好莱坞著名女星奥黛丽·赫本一生的经历,从饱受二战苦难到落为难民、从移民再到最后演艺事业获得成功。奥黛丽·赫本的成功,饱含着艰辛与付出,饱含着执着与坚毅,但更绽放着国际人道主义精神的灿烂光芒。所以,本文的重点在于强调奥黛丽·赫本的持久爱心与伟大人格,强调她为救助贫困、关心弱者等公益事业所奉献的精神,折射出了奥黛丽·赫本"真善美"的崇高理想与目标。这也是本单元课程思政的主题之一。

词汇教学环节的思政主题不仅局限于此,要根据讲授的具体单词来顺势融入思政元素。仅以几个单词为例。

《读写3》Unit 3 部分单词列表

No.	Words	Word Family
1	portray [pɔːˈtreɪ] vt.	portrayal, portrayed, portraying, portrayer, portrays
2	drought [draut] n.	droughts, droughty
3	jeopardize [ˈdʒepədaɪz] vt.	jeopardizes, jeopardized, jeopardizing
4	embark [ɪmˈbɑːk] vt. & vi.	embarks, embarked, embarking
5	sacred [ˈseɪkrɪd] adj.	sacredness
6	exemplary [ɪgˈzempləri] adj.	exemplarily, exemplify

(一) 教学目标的制定

依照教学大纲和课程标准,基于学生现有的学习水平,在课程思政理念指导下,确立本单元英语词汇教学的三维授课目标。

知识目标:掌握重点单词的词性、中英文释义及其词族成员,了解单词和短语背后的文化内涵及其通常使用的语境;

能力目标:提高英语口语、书面表达和交际能力,增强跨文化交际意识,培养思辨能力;

德育目标:培养学生"真善美"的优良品格,引导学生深入了解中华优秀传统文化、自觉弘扬爱国主义精神、增强文化自信等。

(二) 教学过程的实施

为实现教学目标,提升课程思政的实效性,本单元词汇教学综合采用联想法、语境法、词块法、关键词法、词汇分类记忆法、分层教学法、自主学习与合作探究等教学策略和方法,充分利用云班课、QQ 群等多媒体网络教学手段进行辅助教学,并融合校园文化建设等第二课堂进一步巩固课程思政效果,进而实现全员、全方位、全过程、全要素育人的根本育人目标。

1. 课前准备

"学起于思,思起于疑。"课前预习是一种良好的学习习惯,有助于培养学生的自主学习能力。通过设疑法,激发学生自主有效地进行英语词汇的预习,从课后生词表的词汇到课文中出现的单词、短语,从读音、拼写、词性、中英文释义到词汇背后的文化背景,都应该是学生预习的范围。

教师在云班课发布词汇的课前预习任务,列出本单元的重点和难点词汇、A 级词汇和 B 级词汇。预先随机划分学习小组,同学们根据自己的实际水平,设立等级目标,互相监督、互相鼓励,努力完成既定的分层学习目标。在预习过程中,除了掌握单词的基本知识外,还需要解决两个问题。

问题(1):对于本单元出现的重点和难点词汇,通过联想回忆、查找笔记、小组共同探讨等,你能尽可能找到的近义词或同义词有多少?是什么?

问题(2):对于本单元出现的单词或短语,在近期的国内外新闻、习近平总书记重要讲话以及《习近平谈治国理政》等对应英文版中是否有出现?具体的语境是怎样的?

以上两个问题,以小组为单位,制作成简单的 PPT,用于课堂分享。同时,在云班课设定答疑讨论区,同学们遇到的疑惑和问题在该讨论区随时进行线上讨论解答。

2. 课中授课

(1)主要教学环节一。对于云班课以小组为单位提交的作业中,先采用同伴互评的方式,通过同学们的匿名打分、投票,再由教师根据所需选择 3～4 名小组代表,在课堂上做演示。这一环节学生可以从自身预习的角度出发,学习同伴搜索资料、解决问题的思路与经验,为以后的自主预习与学习提供良好的借鉴。同时,通过学生的分享,教师一方面可以了解学生对于词汇基本意义的掌握情况,另一方面也可以把握学生对于词汇使用语境及文化背景的了解情况,对于接下来的词汇教学具有重要的参考价值。

(2)主要教学环节二。教师了解了学生的预习宽度和深度之后,可以有的放矢地对单词进行重点讲解或略讲。秉持课程思政理念,对从本单元中挑选几个重点单词进行简单的示例。

单词 1：

portray *vt.* ① act the part of a character in a play, film, or television program 扮演(角色)② (~sb./ sth. as sth.) describe or show sb. or sth. in a particular way, according to your opinion of them 把某人 / 某物描写成某种样子

【例句】Patriotism is not an easy theme to **portray** in Chinese film industry, but the film *My People, My Country* released on October 1 to mark the 70th anniversary of the founding of People's Republic of China represented a shot in the arm for China's struggling film industry with 284 million yuan (40.15 million U.S. dollars) gross on its first day. (CGTN, 2019.10.03)

【笔者译文】在中国影视界，爱国主义是一个不太容易进行刻画或宣扬的主题。然而，在庆祝中华人民共和国成立 70 周年之际，于 10 月 1 日上映的电影《我和我的祖国》以首映日 2. 84 亿元人民币(合 4015 万美元)的票房总收入纪录获得了该领域的重大突破。

这个句子摘自 CGTN 2019 年 10 月 3 日的一篇文章，题为"*My People, My Country*: The patriotism of nobodies"。重点单词 portray 在本句中呈现了其最基本的用法，取其第二层含义"把某人 / 某物描写成某种样子"，主语 patriotism 充当 portray 实际意义上的宾语。到这里，同学们应该能够把握 portray 作为及物动词的基本用法了。但是，这个例句释放出的强大的思政元素为教师进行课程思政提供了绝好的机会。在课程思政教育理念的指导下，思想政治意识较强的教师会迅速捕捉到并潜移默化地融合思想政治育人元素。比如，结合电影的宣传图片，教师可以一句话带领同学们回顾电影的主题，即 patriotism，不仅在短时间内让同学们了解了电影《我和我的祖国》的英文翻译 *My People, My Country*，更重要的还重温了庆祝中华人民共和国成立 70 周年这一国家大事及其英文表述 mark the 70th anniversary of the founding of People's Republic of China，这样在教师有意识的引领下，学生的爱国主义情怀在无意识中得到了升华。

单词 2：

drought *n.* a long period of dry weather when there is not enough water for plants and animals to live 旱灾；干旱

【例句】One-third of the Earth's surface is covered by deserts, and there are more and more drylands turning into deserts because of deforestation, overgrazing and bad irrigation practices. World Day to Combat Desertification and **Drought** falls on June 17 every year, reminding us of the importance of protecting the land under our feet. (CGTN, 2020.06.17)

【笔者译文】地球三分之一的表面被沙漠覆盖着，同时，由于森林砍伐、过度放牧和不良灌溉行为等因素，越来越多的干旱地区也变为沙漠了。将每年的6月17日定为世界抵制沙漠化和干旱日，用以提醒人们务必保护脚下的土地。

该句摘自 CGTN 2020 年 6 月 17 日更新的一篇文章，题为"World Day to Combat Desertification and Drought：Protect the Land"。名词 drought 在文章标题和本句中皆作为单数形式出现，是其最基本的用法，当然该词也可用作可数名词。课程思政理念下，教师可以将 drought 在本单元课文中的文化语境与该例句背后的思政元素联系起来。奥黛丽•赫本对于干旱比较严重的地区如非洲等国家的关心与帮助，引起了全世界人民的关注。那么再借助本句，学生一方面可以了解到由于受全球气候变化的影响，世界越来越多的地区和人民正在遭受干旱带来的疾苦，将每年的6月17日世界抵制荒漠化和干旱日 World Day to Combat Desertification and Desert 作为常识储存于学生大脑知识库。另一方面，可以促进学生自觉尊重人与自然、社会和谐发展的客观规律，主动增强生态文明意识，积极关注世界共同面临的话题与难题，从而增强责任意识和担当意识。

单词 3：

jeopardize *vt.* to risk losing or spoiling something important 危及；危害；损害

【例句】The Chinese people will never allow any individual or any force to **jeopardize** their peaceful life and right to development, obstruct their exchanges and cooperation with other peoples, or undermine the noble cause of peace and development for humanity.（新华网 2020. 9. 3）

【原文】任何人任何势力企图破坏中国人民的和平生活和发展权利、破坏中国人民同其他国家人民的交流合作、破坏人类和平与发展的崇高事业，中国人民都绝不答应!

该句摘自 2020 年 9 月 3 日习近平总书记在纪念中国人民抗日战争暨世界反法西斯战争 75 周年座谈会上发表的重要讲话,新华网在翻译过程中用到了 jeopardize,是该词作为及物动词的典型用法。通过对于该例句的学习,学生还会进一步了解中国人民抗日战争和反法西斯战争的革命历史,牢记革命历史,传承革命精神;同时,结合习近平总书记的讲话,再加上译文中 never、any 等副词的强调作用,如果带领学生反复朗读,我们相信,学生热爱祖国、保卫祖国、维护和平,与国家和民族休戚与共的家国情怀更加坚毅。

单词 4:

embark *v.* go onto a ship or a plane, or put or take sth. onto a ship or plane(使)上船/飞机;(使)装船/飞机

【例句】Since victory was won 75 years ago, significant changes have taken place in China, with the CPC rallying the Chinese people and leading them in **embarking** on the path of socialism with Chinese characteristics, he said.(新华网 2020. 9. 3)

【原文】习近平强调,中国人民抗日战争胜利 75 年来,中国发生了翻天覆地的变化。中国共产党团结带领全国各族人民成功开辟了中国特色社会主义道路。

该句同样来自 2020 年 9 月 3 日习近平总书记在纪念中国人民抗日战争暨世界反法西斯战争 75 周年座谈会上发表的重要讲话。短语 embark on 既可以用于实质意义的语境,也可以用于表达抽象意义,是该单元的重点词汇,也是难点词汇。新华网的这句译文使用了该短语的抽象意义,铿锵有力地表达了中国人民正在以习近平同志为核心的党中央领导下,高举中国特色社会主义伟大旗帜,从一个胜利迈向新的胜利。毋庸置疑,青年学生会在这样的语境中更坚定地拥护和热爱中国共产党,坚定中国特色社会主义理想信念,并为实现中华民族伟大复兴而奋进。

单词 5:

sacred *adj.* ① very important or greatly respected 很重要的;神圣的;深受尊

重的② relating to a god or religion 上帝的；神的；宗教（性）的

【例句】For a lot of Chinese families, there is one thing that needs to be written on the shopping list before every Chinese Spring Festival. That is Chinese **sacred** lily bulbs. If planted during the winter, you will receive elegant flowers with sweet fragrances during the spring. (CGTN, 2020.3.2)

【笔者译文】每年的春节来临之前，中国的许多家庭都会把百合列入新春的购物清单中。百合，饱含神圣之意。如果在冬季播种，则会在来年春季收获淡雅而甜美的芬芳。

该句摘自 CGTN 于 2020 年 3 月 2 日更新的一篇文章，题为"Chinese sacred lily: It is time to harvest the sweet fragrance at home"。单词 sacred 在本句中取第一层含义"神圣的，深受尊重的"，看似轻松愉快的语境也能顺势融入思政元素。除了强化该单词的意义之外，还可以引领同学们深化对百合的认识。一方面可以了解到百合是圣洁的象征，具有祥瑞的寓意，可以表达对新春的美好祝愿，是中华优秀传统文化的象征。借此，教师可以引导学生深入了解中华优秀传统文化的博大精深，比如该句提及的 Chinese Spring Festival，激发同学们探索其他传统节日文化等，有意识地培养青年学生传承并弘扬中华优秀传统文化，进而坚定文化自信。

单词 6：

exemplary *adj.* excellent and providing a good example for people to follow 模范的，可作楷模的

【例句】China's **exemplary** economic performance in the G20 reflects its overall economic resilience much of the year after a 6.8 percent decline in the first quarter when the country was deep in the throes of COVID-19. In the second quarter, the economy had started the journey to recovery with a growth of 3.2 percent.

【笔者译文】中国在二十国集团（G20）中出色的经济表现反映了其整体经济已经恢复原力。在此之前，由于受新冠疫情的影响，第一季度的经济增速下降了 6.8%，而在第二季度则以 3.2% 的增长率开始了复苏之路。

该句摘自 CGTN 2020 年 12 月 18 日更新的文章，题为"China Carries G20

Economic Flag Amid COVID-19 Challenge"，反映了国外学者对于中国治理的肯定与赞赏。教师通过讲解本句中单词 exemplary 的基本用法，可以带领同学们熟悉 G20 的相关知识，让同学们了解中国在 G20 以及在促进世界经济稳定和增长方面发挥的关键作用。同时，结合 6.8% 和 3.2% 两个数字，引领学生深化认知在 2020 年全球面临疫情防控的严峻形势下，中国在中国共产党的正确领导下，快速让经济重新恢复到稳定增长的正常轨道上来。无疑，有助于培养学生爱党、爱人民、爱社会主义的思想情感，有助于青年学生对全球治理的"中国方案""中国智慧""中国理念"提高国家认同感，增强四个自信。

3. 课后巩固

根据教与学、学与用相统一的原则，让学生理解本单元重点讲解的词汇和短语，变输入性知识为输出性能力是最为关键的。所以，将所学用以练习、将所学用以内化是提升学生词汇量、增强课程思政实效性必不可少的重要环节。我们可以从三个方面结合进行，实现知识传递和价值引领的真正统一。

（1）设置好课后练习。每个单元的词汇教学环节，可以采用任务型教学法进行课后作业的设计。还是以小组为单位，以本单元词汇教学中重点单词或短语的英语表达为切入点，依托例句的语境，引导同学们通过查阅文献、搜索网络资源等深入了解词汇背后的文化背景知识，并结合自己的心得体会，录制成简单的视频，勇于在课堂或线上分享。学生可以自主观看《我和我的祖国》，深化爱国主义教育；可以了解除了百合之外的中华优秀传统文化的其他代表或象征，弘扬中华优秀传统文化，增强文化自信；也可以依托纪录片了解其他战争历史与意义，比如通过观看纪录片《为了和平》了解抗美援朝的艰苦卓绝，进行革命文化教育等。作业以小组为单位，组员分工协同完成，学生搜索资料然后以视频的形式提交，一方面可以强化学生的自主学习能力，培养合作探究式学习能力，另一方面在练习相关词汇英语口语表达的同时，通过融入心得体会能够更好地深化思政教育，感化学生的心灵，使学生兼具国际视野和家国情怀。

（2）依托好多媒体网络主阵地。大学英语课程思政协同育人，绝不能仅仅局限于课堂 45 分钟。在信息化技术化日益普及的今天，现代网络和多媒体技术将随时随地进行移动端教学与学习变成了现实。教师要积极探索与实践，充分挖掘全过程、全方位、全要素育人的资源与路径,充分利用好网络课堂,牢牢把握思想引领的总方向,努力实现线下现实课堂与网络虚拟课堂、面授课堂与远程课堂的有效衔接,全方位贯彻立德树人的教育目标。因此,我们要依托好网络教学平台,引导学生利用好碎片化时间,充分发挥多媒体网络课程思政的主阵地作用。

每个教学班级的 QQ 群、移动端辅助教学如 APP 云班课、智慧校园、雨课堂等都是我们可以综合使用进行知识传授与价值引领的主阵地。比如,依托云班课,做好"资源"开辟与拓展可以实现提升语言技能和思想正确引领的双重目标。可以根据不同的主题设置不同的学习与交流板块,比如"学习治国理政"板块、"习近平总书记重要讲话"板块、"国内外热点跟踪"板块以及"美文鉴赏"板块等。通过分享双语版《习近平谈治国理政》第三卷里的关键词,引领学生深化了解中国治理的方案,提高相关术语的英语表达能力,为更好地讲好中国故事,传播好中国积蓄能量;通过分析习近平总书记的重要讲话,可以领悟习近平总书记对青年一代的寄语,了解党和人民共同为之奋斗的中国梦;通过国内外热点跟踪,可以加强形势与政策教育,保持青年学生与国家同频共振;美文鉴赏可以帮助学生拓宽国际视野,其中的古诗词翻译、习近平总书记用语英译等又可以让学生了解中华优秀传统文化,进一步增强学生的跨文化交际意识与能力。

(3)重视校园文化建设。全员、全方位、全过程、全要素育人的课程思政协同育人理念要求教师在运用好课堂教学主渠道、发挥好网络育人主阵地作用的同时,还要重视校园文化建设,积极探索第二课堂的协同育人路径。大学生是校园文化活动的主体,科技、艺术、文化、体育、创新创业大赛等一系列文化活动形式是客体。通过参加不同形式的校园文化活动,学生可以将课堂所学用于实际的操作与练习中,在此过程中他们的理论知识得以强化,思想道德内涵得以提升,精神文明素养得以陶冶。课程思政理念下,大学英语教师应该适时地拓展校园文化活动,以巩固育人效果,并在备课环节、在工作计划中明确地体现出来。

形式自由、主题丰富的英语词汇大赛、英语笔记大赛以及英语演讲大赛等,都是学生喜闻乐见的校园文化活动。值得注意的是,此类活动在很多高校往往由二级学院团委负责,然而,在新的时代背景下,在大思政教育格局下,大学英语教师应该与团委老师积极对接,在活动内容与主题方面进行商榷,确保校园文化活动既能实现理论知识的夯实、综合素养的拓展,又能实现思想价值的引领,从而最终实现课程思政、立德树人的根本教育目标。比如,在英语演讲比赛中,可以给学生设定英语课堂教学中涉及的思政主题,如爱国主义精神、中西文化对比、全球治理之中国方案以及人类命运共同体。

(三) 教学评价

教学评价是教学过程不可或缺的组成部分。大学英语课程全员、全方位、全过程、全要素课程思政理念的实施也必然要求在评价环节中贯彻课程思政理念。教学过程的评价一般分为三种形式:诊断性评价、形成性评价和总结性评价。目前,国内绝大部分高校的大学英语学期成绩的评定都会综合衡量平时成绩和期末考试成绩。这就要求教师认真、系统地策划、实施诊断性评价、形成性评价和总结性评价。

词汇教学的特点决定了词汇教学环节的评价形式相对有限,但是可以通过增加测试频度的方法加大测评力度,捕获学生对于所学单词或短语的理解与掌握情况,以便为后期的词汇教学提供借鉴。

以前文所列 6 个单词为例,四选一的词汇测试设置如下。

1. A Zambian medical doctor on Friday commended Chinese Medical Teams that have been coming to work in Zambia for their _____ dedication to duty and professionalism. (CGTN, 2019.8.19)

    A. experimental   B. excessive   C. exemplary   D. explicit

2. China will increase cooperation with Mekong River countries in coping with _____ and floods and responding to public health emergencies, and will take steps to share its COVID-19 vaccines as they reach commercial use. (China Daily, 2020.8.25)

    A. desertification   B. refugee   C. deforestation   D. droughts

3. Shooting began recently on the film *Wang Dao*, which is gong to _____ a well-known translator and scholar who completed China's first translation of *The Communist Manifesto* by Karl Marx and Friedrich Engels in 1920. (China Daily, 2021.1.26)

A. integrate   B. afflict   C. dart   D. portray

4. China remains committed to the policy of peaceful reunification. Resolving the Taiwan question and realizing the reunification of the nation is the solemn and _____ mission of all Chinese people and is in the fundamental interests of the Chinese nation. (China Daily, 2020.6.24)

A. serene   B. sacred   C. sincere   D. sticky

5. It should also make clear that far from being relaxed, there is an increasing need to maintain, if not to tighten, prevention and control measures, or else new outbreaks could again _____ China's social and economic development. (China Daily, 2021.1.14)

A. hail   B. jeopardize   C. migrate   D. mitigate

6. Chinese State Councilor and Foreign Minister Wang Yi spoke to CGTN on international affairs and China's diplomacy in 2020. He mentioned that China will celebrate the Communist Party of China's centenary anniversary in 2021 and _____ on a new journey of fully building a modern socialist country. (CGTN, 2021.1.2)

A. embrace   B. embalm   C. embark   D. embody

本词汇测试借助云班课进行,规定 5 分钟完成并提交,学生答题完毕,教师结束测试后根据学生的答题情况进行讲解分析。测试如果安排在词汇授课的当堂进行,想必学生的正确率相对较高。如果学生正确率较高,可能会忽略题干语义、语境或放弃其他三个干扰性选项。鉴于此,建议词汇测试放在下堂课或另选时间集中测试,这样有助于学生重温知识。解析过程中,务必注重对题干语境含义的简单释义,借此融入思政信息。

纵观本单元的整个词汇教学,从教学目标的制定、教学过程的设计到教学评价的实施,全过程贯穿了课程思政的教育理念。从新授词汇的讲解、例句的分析到词汇检测的题干,都不同程度地融入了不同主题的课程思政元素,切实实现了知识传授和价值引领的统一,落实了立德树人的根本任务。同时,教师务必时刻保持清醒的头脑,不断增强思想理论道德修养,提高课程思政意识,把握好课程思政显性教育与隐形教育相互结合的力度,在润物无声、春风化雨中提升学生的语言技能、拓宽学生的国际视野,培养知中国、爱中国、堪当民族复兴大任的新时代人才。

第六章
课程思政视域下大学英语教师的素养提升

前面章节我们主要探讨了课程思政背景下大学英语课堂生态的基本问题，包括重要意义、生态失谐表现及其原因、生态构建的理论及实践层面的路径探讨等，这些研究为我们理解课程思政背景下大学英语课堂生态的基本问题提供了基本理论构架。在大学英语课堂生态系统中，教师是系统运行的核心主体，这个主体应该如何适应课程思政背景下大学英语教学提出的新要求呢？或者说，大学英语教师应该如何提高自己的素养来应对课程思政对大学英语改革带来的新期待和新期盼呢？《指南》就教师发展提出明确要求，"提升大学英语教师的育人素养、学科素养、教学素养、科研素养和信息素养是保证大学英语教学质量的关键""大学英语教师必须主动适应高等教育发展的新形势，主动适应大学英语教育的新要求，主动适应信息化环境下大学英语教学发展的需要，不断提高自身的育人素养、学科素养、教学素养、科研素养和信息素养"。本章将探究大学英语教师的素养提升问题。

第一节　大学英语教师的课程思政意识与能力

　　课程思政背景下大学英语课程建设的关键是提升大学英语教师的课程思政意识与思政能力,这也是大学英语教师素养提升的核心。阐释大学英语教师课程思政意识与能力必须放到课程思政建设的整体框架上去考量,只有这样才能理解其意义与价值。本节将对大学英语教师课程思政意识与能力从基本概念、互动机制、提升路径等方面展开探讨,以期为研究课程思政背景下大学英语教师的素养问题揭开新视角。

一、基本概念阐释

(一)"课程思政"再认识

　　从目前学术界的研究看,如果将"课程思政"这一概念高度概括,可以归结为高校专业教师将专业课程中所蕴含的思政资源和育人元素充分挖掘,并与专业课授课有机融合,以此来引导大学生树立正确的世界观、人生观和价值观。课程思政是高校思想政治教育工作的重要组成部分,也是落实高校立德树人工作的一个重要环节。当前,课程思政具有以下的典型特点。

　　1. 以立德树人为根本价值导向

　　为贯彻党中央对高校思想政治教育工作的要求,教育系统从加强课程改革方面进行了不断的探索。其中,上海市以高校思想政治理论课改革为突破口,不断创新思想政治工作的方式方法,揭开了高校课程思政改革的新篇章。以上海市的思政课改革为经验,课程思政改革迅速在全国得以铺开,确立了课程思政改革立德树人的价值导向。

　　2. 以专业课为主要课程载体

　　从课程思政改革的探索历程来看,人们对课程思政改革载体的认识逐步统一。2020 年，教育部党组印发《高校思想政治工作质量提升工程实施纲要》，将课程思政载体定义为"梳理各门专业课程所蕴含的思想政治教育元素和所承载的思想政治功能"，这是最初对"课程思政"的定义；到 2022 年 2 月，教育部在《关于深化本科教育教学改革全面提高人才培养质量的意见》中又将其表述为"充分发掘各类课程和教学方式中蕴含的思想政治资源"。总之，无论表述方式发生什么样的变化，课程思政建设的主要载体是专业课这个核心要义是贯彻始终的。

3. 以课堂教学为主要渠道

无论是传统的思政课程还是各类专业课程，都离不开课堂教学这个高校教学的主渠道。当然，对课堂教学这个主渠道的认识也是经历了一个从模糊到清晰的过程。习近平总书记在全国高校思想政治工作会议上强调："要用好课堂教学这个主渠道。"从高校的实际情况来看，对学生进行思想政治教育的途径有很多种，具体方式也各有特色，但课堂教学始终是最基本、最主要和最有效的方式。在很长一段时间内，我们往往只强调思想政治理论课的思想政治教育功能和主渠道作用，忽略了其他课程的思想政治育人功能。应该汇聚各门课程育人的合力，充分发挥课堂教学的主渠道作用。

4. 以思政元素为重要内容

课程思政这个概念提出之初，课程思政的主要内容还围绕专业课程及其教学中所蕴含的思想政治教育元素和功能；到课程思政改革全面推进阶段，对课程思政的内容表述逐步清晰，包括中国特色社会主义和中国梦教育、社会主义核心价值观教育、法治教育、劳动教育、心理健康教育、中华优秀传统文化教育等（教育部，2020），以专业课教师为实践主体。从课程思政的认识历程看，人们对课程思政实践主体的认识也逐步加深。一开始以思政课教师为主体，上海市推动思想政治理论课改革是这个阶段的主要推动力量；在全面推进时期，人们逐渐认识到思想政治教师与专业课教师之间的差异，充分认识到专业课教师在课程思政建设中同样肩负着重要使命和责任，专业课教师逐渐成为新的主体力量。

(二) 大学英语教师课程思政意识的概念阐述

大学英语教师的课程思政意识是一种特殊的课程意识,是大学英语教师利用大学英语这门课程对学生进行思想政治教育所持有的主观意识。在这一特殊的思想政治教育活动中,大学英语教师的课程思政意识可以从"课程思政的觉醒意识、规则意识和实施意识"来认识和解读(杨季兵,2022:40-41)。

1. 觉醒意识

这里的"觉醒意识"是指大学英语教师对大学英语这门课程思政建设的感知程度,突出表现在大学英语教师对大学英语课程思政的本质、功能、内容等的认识程度和水平。如果大学英语教师的觉醒意识强,他们对课程思政就能产生较为强烈的认知意识,能充分认识到课程思政对其本人及学生成长的作用与功能。相反,如果他们的觉醒意识不强,则无法充分认识到大学英语课程思政的价值。

2. 规则意识

规则是运行原则,强调的是运行中应该遵循的基本法则。大学英语课程思政规则意识是指大学英语教师在大学英语课程思政建设中为便于组织课程思政教学活动所遵循的规则,主要包括主体意识和资源意识。就大学英语课程思政看,主体意识包括两个,即大学英语教师的主体意识与学生的主体意识。从教师来看,其主体意识是通过挖掘大学英语课程中所蕴含的思政元素来体现;从学生来看,其主体意识是从对大学英语教师履行课程思政育人职责的评价反馈来体现的。资源意识,主要从大学英语教师对思政资源的挖掘与利用来强调的,既要善于挖掘大学英语课程中所蕴含的思政资源,又要善于挖掘课程之外的思政资源。

3. 实施意识

实施意识是大学英语教师对课程思政的行为实施在组织层面的设计与体现,一般来说包括目标、设计、实施反馈三个主要环节。从目标阶段看,主要是侧重大学英语教师对课程思政目标的认识。简单讲,就是要求大学英语教师在课程思政目标的指引下开展大学英语教学活动,最重要的是要清楚课程思政的目标是什么并在该目标的引导下进行课堂教学。从设计阶段看,主要是看大学英语教师对课程思政具体实施如何进行整体设计,即根据大学英语课程特点及学生的需求,对大学英语中所蕴含的思政资源进行有效的课堂设计,通过科学设计吸引学生主动地参与到课堂中来,深化课程思政的效果。从实施反馈阶段看,主要是指大学英语教师根据设计的教学方案呈现大学英语课程思政的过程及效果的反馈过程。这个阶段要特别注意课程效果的反馈结果,这对于发现问题及时改进教学具有重要的参考价值与意义。

(三) 大学英语教师课程思政能力的概念阐述

大学英语教师课程思政能力是指大学英语教师组织开展课程思政教学所具备的基本能力,包括认知能力、知识结构及操作与实施能力等。

1. 认知能力

大学英语教师课程思政的认知能力是指大学英语教师对开展课程思政教学的认知与理解,是对大学英语课程思政的基本态度。这里的认知和理解往往体现在对课程思政的内涵、价值、目标及其相关要求的态度,其中最核心的就是对课程思政的认同度。从实践层面看,还要看课程思政实践层面的主观愿望是不是强烈和迫切。

2. 知识结构

课程思政背景下的大学英语教师知识结构主要有两类:一类是国家课程思政的政策文件,主要包括相关部门为规范大学英语课程思政教学而出台的制度规范和文件,就目前看,《指南》和《纲要》是大学英语课程思政建设的两个重要政策规范,具有方向指引作用;另一类是理论知识,对大学英语教师而言主要包括课程中所蕴含的思想政治教育元素和各类课程思政的资源,也包括开展课程思政实践教学所需要的教学目标知识、教学设计素材等。

3. 操作与实施能力

大学英语教师的操作能力主要指大学英语教师将课程思政理念,通过一定的方式和手段转化为对学生进行思想政治教育的技能,主要包括"设计、实施、评价、开发和研究"等方面(田秋华,2013:27-28)。大学英语课程思政设计技能,主要是指大学英语教师为实现课程思政目标进行设计的能力,包括课程思政目标、内容、活动、评价反馈等。其中,内容的设计主要是指在课程思政建设总体目标的指引下,重点挖掘大学英语课程所蕴含的课程思政资源。而实施能力则主要指大学英语教师将课程思政方案付诸实践的能力,通过实施课程思政教学计划、运用灵活的教学方式与方法,引导学生进行自主性学习。

4. 评价反馈能力

评价反馈能力指大学英语教师通过相关理论与技术对课程思政的效果进行分析、判断并根据结果进行调节的能力,主要体现在对课程运行状况的评断以及对学生学习效果的评判。大学英语教师评价反馈能力实际上是一种更为综合的思政能力,它需要教师在思政意识、操作与实施等综合能力的基础上对英语课堂思政教学效果做出评判和反馈。

二、大学英语教师课程思政意识与课程思政能力的互动

从认识论的角度看,意识与能力之间存在着互动关系。大学英语教师课程思政意识与思政能力之间也存在着互相影响的关系,正确认识这种关系对于强化大学英语教师的课程思政意识与能力起到积极的作用。

(一) 大学英语教师的课程思政意识影响着课程思政能力

大学英语教师的课程思政意识直接影响到课程思政能力。大学英语教师如果能够充分认识到大学英语课程思政的重要意义和价值,具有强烈的课程思政意识,必定会采取有效行动来强化课程思政能力。从另外一个角度看,大学英语教师如果利用自己已有的课程思政能力投身到新的课程行动中并产生积极的效果,就会强化提升其课程思政能力。反之,就会弱化其课程思政能力。

(二) 大学英语教师的课程思政能力影响其课程思政意识

大学英语教师的课程思政能力也会影响其课程思政意识。具体来说,就是大学英语教师运用自己所掌握的课程思政能力进行新的课程思政行为。如果这种能力能够产生令其满意的结果,就会产生积极的效果反馈,进一步强化其原有的课程思政意识,更加深刻地认识到课程思政的意义和价值;反之,如果已

有的课程思政能力没有继续产生良好的效果,就会产生消极的反馈作用,可能会弱化其原有的课程思政意识。

三、大学英语教师课程思政意识与课程思政能力的提升路径

课程思政背景下的大学英语课程建设是落实立德树人任务的一种重要举措。大学英语教师的课程思政意识与能力是抓好课程思政背景下大学英语改革的重要影响要素。现实情况是,不少大学英语教师的课程思政意识与能力存在差异,这种差异性的存在不利于大学英语课程思政的整体推进,必须予以消除或者减少。提高大学英语教师的课程思政意识与能力要作为一项重要任务抓好,需要上级教育部门、学校、大学英语教师等多方的共同努力,形成同向合力。

(一) 从教育主管部门看

大学英语课程思政改革是一场自上而下的课程改革行动,教育主管部门及学校对这项改革的推动是主要推动力。这里所指的主管部门是教育部、教育厅等上级教育主管部门。

1. 营造重视大学英语课程思政建设的良好氛围

环境氛围的好坏会对人的行为产生积极或者消极的影响。课程思政背景下的大学英语生态系统的良好运行需要健康的生态运行氛围。相比传统的大学英语教学来说,课程思政背景下的大学英语教学是一个新事物,教师对它的全面接受是一个慢性的过程,在这个接受的过程中也充满着矛盾和斗争。要解决这些矛盾和斗争,良好氛围的营造就显得尤为必要。只有具备了良好氛围,大学英语教师的劳动才会被周边的人逐步认同和认可,也才会被学生接纳。对于教育主管部门来说,笔者认为营造重视课程思政的良好氛围主要通过以下方式来进行。

(1) 学习传达上级政策文件。自上而下,依靠高校行政管理体系建立起来的工作机制对课程思政建设的相关政策、领导讲话等内容进行学习传达,将触角延伸到高校的基层教学单位,营造学政策、知政策的良好氛围。

(2) 通过宣传窗口进行宣传报道。对大学英语课程思政建设方面涌现出

来的先进典型进行宣传,让更多的人看到大学英语课程思政建设的美好前景,从而带动和影响更多的人关注、重视和支持大学英语课程思政建设工作。

（3）打造典型,现身说法。从官方这个渠道,在一定范围内打造一批大学英语课程思政建设的典型,让这些典型通过自己的亲身经历向周边的人讲清楚大学英语课程思政建设的重要意义、方式方法等问题,以点带面,点面结合,逐步营造良好的舆论氛围。

2. 出台大学英语课程思政建设的具体举措

对大学英语课程思政建设的重视,不能仅仅体现在氛围的营造上。从生态运行角度看,课程思政背景下的大学英语课堂生态不仅仅需要氛围,氛围只是外层的东西,起到辅助作用,更为重要的是还需要大量确保生态系统运行的实际举措,推动和调试各生态因子的运行活力,提高运行效果。就教育主管部门来看,针对大学英语课程思政建设的举措,主要体现在培训、考核等方面。

（1）通过开展培训来提升大学英语教师的课程思政意识和能力。培训包括理论培训与业务培训两个方面。理论培训主要指对课程思政相关知识的理论阐释。相对于高校个体来讲,主管部门具有开展这类培训的独特优势,他们掌握课程思政建设最丰富的理论资源,在理论解读上最具专业性;他们也有条件汇集全国最优秀的课程思政师资力量,在讲授上也最具权威性。因此,无论是从专业性还是从权威性来讲,主管部门通过开展培训来提升大学英语教师的课程思政意识和能力是一种有效的方式。业务培训侧重实践层面的培训,主要是实操性方面的指导。在推进大学英语课程思政过程中,实践层面的问题往往是大学英语教师推动课程思政建设的重大障碍。教育主管部门通过调度、调研等方式,能最大限度地了解和掌握大学英语教师在推动课程思政建设过程中的问题和困难,在此基础上对资源进行调配,进一步提升培训的针对性和实效性。

（2）通过政策引导,提升大学英语教师的课程思政意识和能力。课程思政建设总体规划出台后,如何让这些规划落地生根,教育主管部门都"各显神通",因地制宜地出台引导性政策,不断地向课程思政建设集聚和汇集资源。教育部（2019）明确"把课程思政建设成效纳入'双一流'建设评价、本科教学评估、学科评估、专业认证、'双高计划'评价等,构建多维度的课程思政评价体系"。福建省教育厅(2021)明确"建立健全多层次、多维度的课程思政建设成效考核评价体系和监督检查机制,将课程思政建设纳入'双一流'、应用型高校、'双高计划'建设和学科评估、本科教学评估、一流专业及一流课程建设等评价考核,高校要将课程思政建设纳入院系教学绩效考核"。像福建省教育厅一样,多数省级教育部门将对课程思政建设的相关要求纳入当地教育的发展规划中并作为考核指标,这实际上就是一种政策导向。大学英语课程思政作为课程思政建设的一门课程,必然也会从中受益,大学英语教师的课程思政意识和能力也会在这类政策引导下得到强化和提升。

(3)通过典型培育,提升大学英语教师课程思政意识和能力。为了推动课程思政建设取得显著成果,课程思政建设启动以来,主管部门对课程思政建设典型项目及个人的评选活动逐渐多了起来。笔者在百度中进行检索,发现不少省教育厅陆续开展了课程思政优秀教学案例、示范课、示范中心等的评选,这说明课程思政建设的典型培育工作日益得到重视。值得一提的是,教育部(2021)公布了一批课程思政建设教育名单,"课程思政示范课程 699 门、课程思政教学名师和团队 699 个、课程思政教学研究示范中心 30 个",在这批公布的名单中,有 5 门课是大学英语课程类的。这类课程思政示范项目的评选让广大英语教师看到了课程思政建设给他们专业发展带来的曙光,对于坚定他们的课程思政意识具有很好的促进作用。

(二)从学校层面看

与教育行政管理部门不同,行政管理部门课程思政建设的政策规定能不能执行到位或者执行到什么程度是存在着较大差异的,产生这种差异的一个很重要的原因就是学校对这些政策的重视和落实程度。所以,从学校这个层面看,能否营造出与教育主管部门关于课程思政建设系列部署的配套举措,并根据学校实际创造性地抓好落实是学校课程思政建设能否真正落地的关键所在。整体来看,学校层面也应该从营造氛围、出台配套政策等方面加强课程思政建设。只有这些措施到位了,大学英语教师的课程思政意识和能力才能够得到强化和提升。

1.营造学校层面的良好氛围

高校是落实课程思政建设的最后关口,也是最关键的环节。从实践层面看,高校重视课程思政建设,专业教师的课程思政意识和能力就会强,相反,如果高校不重视课程思政建设,专业教师的课程思政意识和能力就会差。如何在高校营造学校层面的良好氛围,笔者认为可以从以下两个方面来进行。

(1)加强宣传,营造氛围。可以在学校主页、校报、公众号等学校主流媒体渠道开设课程思政专栏,介绍课程思政建设的意义、主要特色课程等相关内容,营造良好的课程思政氛围,让师生感受到学校对课程思政建设的重视,潜移默化中提升师生对课程思政建设的关注度和认知度。

(2)榜样示范,典型引领。学校可以定期评选课程思政建设的典型集体和个人,并将他们的事迹在学校开辟的课程思政专栏进行宣传,让大家看到课程思政建设的典型集体和个人就在身边,榜样就在身边。可以用不同的主题来打造课程思政精品课程。就笔者所在的教研室来看,教研室的老师联合打造了"美丽中国"双语省级一流本科课程,授课内容涵盖传统文化、特色建筑、古迹工程、红色故事、现代科技等相关知识。课程设计新颖独特,讲授方式灵活有趣,集语言能力、学科知识、文化素养和社会主义核心价值观于一体,成为深受学生欢迎的大学英语思政课程。这类精品课程的打造能在校内起到很好的示范带动作用,让更多的英语老师关注英语课程思政建设。

2.加强课程思政制度体系建设

从课程思政概念的提出到课程思政建设的深入推开,可以断定课程思政建设是高校立德树人的一项战略性工程,不是一阵风,而是高校思想政治教育工作中的重要一环,需要长期坚持。这就意味着要抓好课程思政建设必须要有制度体系作为支撑,形成规范的操作、指引、评价等体系。只有在稳定的制度体系内,大学英语教师的课程思政意识和能力才会得到强化和提升。可以从以下几个方面入手。

(1)明确质量标准建设,提升大学英语教师课程思政意识与能力。明确质量标准是对课程思政建设目标的细化与具体化,也是落实课程思政建设目标的保障性举措,同时,这个标准也是衡量大学英语教师课程思政意识与能力高低的"晴雨表"。就大学英语课程思政建设质量标准来说,要紧密围绕大学英语人才培养方案、课程设置、实践教学等环节来设计,要将《指南》中对大学英语课程任务、定位等作为设计指南,真正将大学英语课程思政要求落实到人才培养、教学实践的各个环节中。当然,最重要的还是要将大学英语课程思政价值导向等融入人才培养方案中,这是做好大学英语课程思政质量标准的顶层设计需要,按照这个来调整和修订教学大纲,将课程思政的理念渗透到课程目标、内容和考核中。

(2)加强思政资源建设,提升大学英语教师课程思政意识与能力。大学英语教师的课程思政意识和能力的提高,离不开一定的课程思政资源作为支撑和保障。大学英语教师相比一般的思政课教师,具备的思政资源较少或者获取思政资源的能力要低一些,因此,建立有效的思政资源收集、共享等制度机制对于大学英语教师来讲是必要的。从目前看,这类思想政治教育资源库的类别除了教学指南、思想政治素材外,还应该包括课程思政示范课、优秀教学案例等。共享机制主要是让大学英语教师分享大学英语课程思政教育资源而建立的交流平台,线上线下结合,方式灵活多样。这样既有资源,又有分享机制,对于提高大学英语教师的课程意识和能力来说都是较好的保障。

(3)加强评价体系建设,提升大学英语教师课程思政意识与能力。评价是指挥棒,是方向标,对于落实课程思政建设的效果具有重要导向作用。这里的评价体系应该有两类,一类是针对学院的,一类是针对大学英语教师的。从针对学院的考核评价指标看,应该将课程思政建设的相关指标列入院系绩效考核、二级党组织书记及院长年度述职考核等,目的是引导学院管理层重视课程思政建设。针对教师个人的考核,要将教师在课程思政建设方面的成绩作为考核评价、职称评审等方面的重要依据参考,引导大学英语教师自主提升课程思政意识与能力。

3. 加强教学基层组织建设

在高校这个组织体系内,院系内设立了基层教学组织,如教研室、教学团队。这类组织是承担课程思政教学任务的最基层单位,也是最直接单位,是课程思政的直接实施者和操作者,这个组织的作用发挥得如何,也会直接影响到大学英语教师的课程思政意识与能力。

（1）加强教研室建设，提高大学英语教师课程思政意识与能力。教研室是课程教学的具体组织者，是最基层的教学组织，在促进大学英语教师提高课程思政意识与能力方面具有特殊重要的意义，"教研室最主要的工作就是组织教师集体学习与教学相关的内容"（洪志忠，2016：86-89）。在大学英语课程思政建设过程中，通过教研室强化大学英语教师的课程思政意识和能力主要是发挥好集体备课、小组研讨等优势，最大限度地汇集教研室所掌握的课程思政资源，通过开展专业研讨，促进教研室对课程思政建设的认识；要把大学英语课程思政推行及建设情况纳入对教研室考核的重要指标，从导向上将课程思政建设内化为教研室建设的重要内容，将课程思政建设内化为教研室每位成员的自觉行为。

（2）打造课程思政教学团队，提高大学英语教师课程思政意识与能力。教学团队是有别于教研室的另外一种基层教学组织，打破了教师原有的属性划分，是教师基于共同的兴趣、专业、实践能力而组成的教学团队，目的是开展有针对性的教学或研究活动。对于学校或者学院来讲，一是要鼓励组建专业的课程思政教学团队。笔者所提到的"美丽中国"双语省级一流本科思政课程就是由基于共同爱好组建而成的专业课程思政教学团队打造的。这类团队具有课程思政的专门属性，目标很明确，就是打造专业的课程思政精品课程。学校应该予以鼓励和支持，团队里教师的课程思政意识和能力自然就能无形中得到提高。二是将课程思政内容纳入教学团队的考核评价。教学团队一般具有比较强的教学组织能力，授课目的更加明确，手段更加丰富，将课程思政的要求及价值导向融入对教学团队的考核中，落实到教学团队日常教学中，可能会起到比一般教学组织更好的效果。

（三）从大学英语教师自身层面看

从大学英语课堂生态的运行构成看，国家教育行政主管部门、学校、学院等层面的工作都属于大学英语课堂生态系统之外的生态因子，对大学英语课堂生态的运行起着外部作用；大学英语教师则是大学英语课堂生态的课堂主体，其课程思政意识和能力及主观能动性是大学英语课程思政意识和能力培养的关键所在。教师思想上重视，并有针对性地自我培养，课程思政的意识和能力自然就会高;教师思想上不重视,不积极主动适应课程思政的改革趋势,也就无法适应这种形势对意识和能力提升的要求。

1. 激发大学英语教师提升课程思政意识和能力的内生动力

自课程思政改革启动以来,从教育主管部门到学校到基层教学单位都投入了大量的人力、物力和财力来落实课程思政建设的要求,从面上看,组织体系已经较为完备,也取得了显著的成效。但距离思政工作的整体要求还存在差距,产生这些差距的一个很重要的原因就是课程思政理念在教师层面没有真正得到贯彻,外在推动力足,教师的内生动力不足。大学英语作为一门基础课程,《指南》也明确了大学英语课程思政的系列要求,但整体看,远远没有达到《指南》要求,原因也是大学英语教师课程思政的内生动力问题。要解决这个问题,就要积极驱动专业教师产生并持续保持内生动力,将这种外在的驱动力真正转为自己的自觉行为。

2. 通过学习强化大学英语教师课程思政的意识与能力

学习是进步的重要推动力。课程思政作为一种理念,其被深刻认知、理解并内化为行动需要一个较长的时间过程,在这个时间跨度较长的过程内,需要通过学习来加强对课程思政的认知。从目前情况看,主要加强两类知识的学习,一类是课程思政理论;一类是高等教育理论。

(1)从课程思政理论层面看。课程思政理论主要集中在两方面。一方面是国家关于课程思政建设的政策文件,这类政策文件一般都是官方发布的,系统阐述了国家对课程思政建设的基本定位、概念内涵、实践路径等基本理论知识,对这类知识的学习能快速直观地了解课程思政理论,对解决"课程思政是什么""怎么做"等基本问题有帮助作用;另一方面是学术界对课程思政这一概念的学术性研究和概括。这类理论成果相对于政策文件来说,更加系统、深刻地阐释了课程思政产生的社会背景、重大意义以及实践策略等问题。笔者以"课程思政"为搜索词在中国知网检索到各类学术文献多达51950条,足见理论学术界对课程思政研究的聚焦;以"大学英语课程思政"为搜索词,也能检索到2274条文献资料。教师通过对这类理论成果的学习,对解决"课程思政为什么搞""课程思政内涵是什么"等深层次问题能够获得重要的解读视角。

（2）从高等教育理论这个层面看。课程思政建设中出现的一些问题和现象需要从高等教育基本理论的角度来进行认识和解读，否则，对一些问题和现象无从解释。比如，在大学英语课堂生态系统中，生态运行的主体到底是教师还是学生？不少教师认为只有教师才是课程生态的主体，学生只是配角，不是主体。这就从根本上对大学英语课堂生态产生了错误的认识和解读，也是他们无法正确认识大学英语课堂生态系统出现问题的根源。高等教育是一门专门研究高等教育治学规律的学科，内涵丰富，通过高等教育理论视角来洞悉课程思政建设中出现的问题，总能找到解决问题的一把钥匙。大学英语教师，从其接受教育的经历看，接触最多的还是语言教学知识，因此，他们尤其需要通过学习高等教育的相关知识来弥补自己的知识短板，积累利用高等教育理论来指导大学英语教学实践的经验，为深化对课程思政的认识提供理论启发。

3. 加强大学英语教师课程思政专项技能的训练

在实践中，不少大学英语教师对于如何开展课程思政教学觉得无从下手，有时候心有余而力不足，找不到有效途径和办法。这充分暴露了当前不少大学英语教师在课程思政建设方面的"本领恐慌"，也在一定程度上反映了大学英语教师课程思政实践经验和技能的缺乏。要强化大学英语教师的课程思政技能训练，必须以《指南》作为指导，重点可以从以下几个方面入手。

（1）认真研究人才培养方案。无论是大学公共英语还是专业英语，其教学都以人才培养方案为统领，人才培养方案是开展大学英语课程思政教学的基本规范。认真研究大学英语人才培养方案应该成为大学英语教师的一项基本技能。研究大学英语人才培养方案，能够明确课程的基本定位和要求，明确教学设计思路，理解大学英语课程思政的深层要求。在实践中，教师积极参加学校、学院组织的人才培养方案研讨会有助于加深对人才培养方案的感知和理解，对于从整体上掌握大学英语培养方案及课程思政价值导向具有积极意义。

（2）认真研究教学大纲。大学英语教学大纲是《指南》在教学组织设计方面的具体方案，是路线图，也是大学英语教师从事课程思政教学的基本依据。要真正认识课程思政的要求，必须从研究大学英语教学大纲开始，因为大学英语课程思政建设的基本思路、内容要求等都在教学大纲中能找到循迹。因此，大学英语教师应该将研究教学大纲作为敲开大学英语课程思政建设的一块"开门砖",摸透这个体系,内化为自己的教学行动指南。

（3）认真研究大学英语教材。大学英语教材是大学英语课程思政教学的基本素材,也是思政资源库。课程思政背景下的大学英语教材是大有文章的,无论是哪个版本的教材,从思想政治教育的这条主线来认识和梳理大学英语教材体系,都能发现教材中所蕴藏的丰富的思政元素。现实中,不少英语教师抓不住主线,仅就书本内容讲授,照本宣科,对教材中蕴藏的思政元素挖掘不够,找不到其中最有价值的东西。这也暴露了教师的课程思政意识缺乏和能力不足对大学英语教材使用带来的阻碍。

（4）认真研究教学方式方法。教学方法的设计关系到课程思政教学目标的实现。可以说,课程思政目标实现得好不好,能实现到什么程度,关键就看教学方式方法的设计是不是科学有效。从设计的角度看,教学方式方法既涉及课堂组织的形式与内容,也涉及教案撰写等微观层面的设计。一方面,教师需要扑下身子,认真投入地进行学习;另一方面,教师也可以多观摩同行的课程思政教学活动,吸取别人或者团队的好做法和好经验。

（5）认真开展教学反思。反思是为了更好地进步。大学英语课程思政建设是一个新事物,成熟的经验与典型案例相对少一些,开展必要的教学反思,对于及时发现和解决课程思政建设中的问题是必要的。通过反思,可以对前期开展课程思政建设中的经验进行有效总结,更重要的是对过程中出现的问题进行重新认识。这种重新认识和调整的过程实际上就是大学英语课堂生态中生态因子之间的互动与调整,通过调整与调试,使课堂生态中的生态因子重新回归生态位,激发新的动力,促使大学英语课程思政课堂生态重新回归平衡与稳定。

第二节 大学英语教师的政治理论素养培育

前一节我们探究了大学英语教师的课程思政意识和能力,这是研究课程思政背景下大学英语教师素养首先要搞清楚的问题。在课程思政背景下,大学英语教师的政治理论素养是教师素养的核心组成部分。我们研究课程思政背景下的大学英语教师素养有必要对大学英语教师的政治理论素养进行单独发掘和阐释,这是研究课程思政背景下大学英语课堂生态构建所无法回避的问题。本节我们将围绕大学英语教师政治理论素养问题进行专门探究。

一、新时代高校大学英语教师政治理论素养的新定位

党的十八大以来,习近平总书记对教师素养提出了一系列重要论述,体现了总书记对教师这个职业的深切关怀和极大期望。2016 年 12 月,习近平总书记在全国高校思想政治工作会议上指出:"教师要坚持教育与育人相统一,坚持言传和身教相统一,坚持潜心问道和关注社会相统一,坚持学术自由和学术规范相统一。"2019 年 3 月,习近平总书记在思政课教师座谈会上又提出了"政治要强、情怀要深、思维要新、视野要广、自律要严、人格要正"新要求,对思政课教师素养提出了定位。2019 年 9 月,习近平总书记在北京师范大学考察时,勉励学生要做"有理想信念、有道德情操、有扎实学识、有仁爱之心"的"四有"好老师。下面,我们结合大学英语教师的特点来解读习近平总书记对教师素养的这一定位。

(一) 政治要强

我们的大学是社会主义大学,社会主义大学的根本任务就是培养一代又一代合格的社会主义建设者与接班人。在这个大的背景下,无论是思政课教师,还是专业课教师,都要将"讲政治"挺在前,要突出"政治要强"的核心素养,做到"让有信仰的人讲信仰,善于从政治上看问题,在大是大非面前保持清醒"。要在政治原则、政治方向上同党中央保持高度一致,这是对新时期大学教师的核心要求。

课程思政背景下的大学英语课程有超出了传统意义上大学英语课程的价值与使命,除了满足大学英语作为一门工具性语言功能外,课程育人成为这门课程所肩负的重要任务。大学英语教师在接受教育的过程中,因语言学习的便利因素,他们有更多的机会对西方经济、社会、文化等有更为深入的了解,有部

分大学英语教师在西方国家接受过高等教育,对西方社会背景有着直接的认识。这些客观因素的存在让大学英语教师在看待问题、解读问题时往往会受到自己已有的思维方式影响,稍有不慎就有可能误导学生。因此,在课程思政背景下,"政治要强"对大学英语教师来讲意义尤为重大。大学生正处于世界观、人生观、价值观尚未完全定型的"关键期",如何正确认识西方的文化、社会现象,对于他们形成正确的"三观"具有重要影响。讲政治对大学英语教师来讲,至少体现在以下几个方面。

1. 坚定"四个自信"

要坚定"道路自信、理论自信、制度自信、文化自信",只有坚定"四个自信",自己才能底气十足,才能敢于面对挑战。

2. 时刻做政治上的明白人

时刻保持头脑清醒和坚定立场,在帮助学生分析问题时一定要站稳政治立场,不讲不负责的话,不颠倒是非,不随波逐流,时刻记住一个合格的大学英语教师首先必须是一个讲政治的大学英语教师。

3. 要增强斗争意识和斗争本领

在面对形形色色的不良风气和不当言论,尤其是学生对西方社会产生不正确的认知情境时,要果敢介入,及时纠正,认真疏导,帮助学生及时消除不正确的认知思维,引导他们客观理性地看待社会问题。

(二) 情怀要深

情怀是一个人内心世界的情感状态,代表着人们在精神层面的追求。情怀有很多种类型,可以是对人、对国家、对社会、对自己,这里的情怀主要是指家国情怀。家国情怀具有丰富的内涵,也具有典型的时代特征。从内涵上看,家国情怀是人们基于价值认同基础上的对于家庭、国家和民族的一种情感表达,爱国主义、集体主义代表了其精神价值的核心,自觉担当、勇于奉献则体现为社会行为的一般要求(张继军,郝立丽,2023)。从时代要求看,新时代的家国情怀就是中华民族伟大复兴的历史伟业。

家国情怀的培育是以文化认同为基础的。家国情怀的文化基因是中华民族优秀传统文化,蕴含了中华优秀传统文化的丰富内容,体现了中华优秀传统文化的基本特征。中华优秀传统文化经过几千年的发展形成了一套具有特色的价值体系,成为凝聚人心、汇聚力量的强大精神指引,正如习近平总书记讲的:"历史和现实告诉我们,家庭的前途命运同国家和民族的前途命运紧密相连。我们要认识到,千家万户好,国家才能好,民族才能好。"因此,对一个中国人来讲,家国情怀是一种应有的价值情感归属。这种归属既体现了强烈的民族自尊心,也充满了民族自豪感,更应内化为每一个中华儿女为实现中华民族伟大复兴的坚定决心。

对课程思政背景下的大学英语教师来说,"情怀要深"就是要求他们在大学英语课堂教学中,要怀有深厚的家国情怀,擦亮自己鲜明的政治底色。大学英语课程思政建设的目标定位决定了大学英语教师必须是家国情怀的传递者和延续者,外语的课程内容与其他课程有着明显的不同,仅仅靠英语课程内容的传授给不了学生宏大的家国情怀,更多地需要英语教师自身有强大的家国情怀作为支撑。从某种程度上来看,缺少家国情怀的课程思政教学是乏味的,没有生命力和感召力。只有具有家国情怀的老师,才能真正怀着感情、带着热情,用真心、动真情,为大学英语思政课堂提升温度,打动自己,打动学生。只有教师深怀真挚的家国情怀,才能够对国家、人民、民族充满热爱,才能引起学生强烈的情感共鸣,才能教会学生在面对纷杂的西方社会时,厚植自己的民族底气,擦亮自己的眼睛,增强是非判断力、好坏辨识力,懂得真善美的真谛,在对比中坚定自己的政治立场,在对比中学会热爱自己的国家和人民,在对比中增强抵制不良思想的能力。

课程思政背景下的大学英语教师应深怀家国情怀,时刻关注时代和社会的发展。我们现在正处在一个伟大的历史维度,中华民族伟大复兴的梦想距离我们越来越近,我们在这个过程中创造了诸多令人振奋的业绩,这些现实和形势需要具有家国情怀的老师传递给学生,帮助他们树立正确的世界观、人生观和价值观。大学英语为大学生认识外部世界提供了便利,但同时也带来了挑战。这就需要大学英语教师学会用正确的视角来观察和认识现实世界,关注现实中的热点事件,关注国际局势,特别是善于捕捉能够吸引学生眼球的时事热点,与大学英语课程内容有机结合起来，教导学生使用正确的世界观和方法论来认识世界，提高他们分析问题和解决问题的能力。

（三）思维要新

思维要新，是时代变迁和社会发展对人的发展提出的客观要求。课程思政背景下的大学英语教师也要紧跟时代和社会发展，做到思维要新，思想要活，在创新中开拓思维。课程思政背景下的大学英语教师思维要怎么新？新在哪里？笔者认为可以从以下两个方面进行解读。

1. 要有新方法和新观点

当今的国际国内形势是动态变化的，对我们国家来说，机遇与挑战并存。大学英语课程教学同样也面临课程思政建设的一系列新要求和新变化。这些新变化本质上是相同的。无论是面对国际国内大形势，还是面对英语课程思政改革的形势，大学英语教师不能仍然用传统的大学英语课堂思维模式来桎梏自己，而是要主动改革、打破常规，随着形势变化发展来更新思考问题的立场、观点和方法，也就是要衍生出来解决新问题的新方法。习近平总书记指出："问题是创新的起点，也是创新的动力源。只有聆听时代的声音，回应时代的呼唤，认真研究解决重大而紧迫的问题，才能真正把握住历史脉络、找到发展规律，推动理论创新。"所以，大学英语教师面对课程思政新要求，面对社会发展变化新形势，应该更加主动地更新看问题的角度，提高研究的主动性，研究课程思政下的大学英语课堂生态规律，研究大学生群体的新要求，更新解决问题的思路和方式。

2. 要有创新的意识和能力

课程思政背景下的大学英语生态构建是一项新工程，具有新要求，也是一项很有创造性的工作，需要用新思路、新理念和新思维来推动这个生态的构建和稳定运行。《指南》中对大学英语教师教学工作的创新也提出了一些新的要求和表述，比如，《指南》强调了教学方法的创新，教学方法的改进应注意吸收国内外应用语言学领域和高等教育改革与发展的最新研究成果，不断更新理念，使用符合新时代大学英语特点的方法开展课堂教学。大学英语教师在课程思政背景下大学英语课堂生态中的一些新理念和新做法,会通过系统传递给不同生态位的各个有机点位,促使学生、课堂生态环境等生态因子都发生积极的变化,尤其是学生。教师会将创新的思维方式和模式传授给学生,培养学生的创新思维方式,锻炼学生运用新观点、新方法看待和解决问题的能力。

(四) 视野要广

《指南》明确要求,大学英语在"教材内容的选择上应自觉融入社会主义核心价值观和中华优秀传统文化,引导学生树立正确的世界观、人生观和价值观;应立足中国,面向世界,拓宽视野,博采众家之长,利用大学英语课程优势,及时反映世界科技新进展,吸收人类文明优秀成果,为培养具有前瞻思维、国际眼光的人才提供有力支撑"(教育部高等学校大学英语教学指导委员会,2020:40)。对课程思政背景下的大学英语教师来说,视野要广,主要是强调教师要有历史视野、知识视野和国际视野,能够通过自己宽广的视野,将道理讲清楚、讲明白,让学生能够接受更为宽泛的教育。

1. 要有宽广的历史视野

历史视野在本质上是一种历史观,代表了对社会历史发展的一种认识态度。大学英语教师所具有的历史视野,就是学会用辩证唯物主义和历史唯物主义的观点、立场来看待和分析社会问题,感知社会发展的脉搏,并将这些感知在中西对比中让学生树立正确的历史观。在当前,最重要的是要从历史、现实和未来的角度来客观分析和认识我国经济社会发展的历史阶段,就是坚持用习近平新时代中国特色社会主义思想为指引,正确认识中国特色社会主义的发展阶段,实现中华民族伟大复兴的中国梦。在新时代中国特色社会主义发展中,既要看到今天我们比历史上任何时期都更接近、更有信心和能力实现中华民族伟大复兴的目标,也要不负人民重托、无愧历史选择,在新时代中国特色社会主义的伟大实践中,跟随党的坚强领导,顽强奋斗,不断奋进,凝聚起同心共筑中国梦的磅礴力量。

2. 要有丰富的知识视野

《指南》指出,大学英语教师应掌握扎实的学科专业理论和知识,具备先进的课程思政理念和教学管理与评价能力。笔者认为,在课程思政背景下的大学英语教学中,除了具备基本的学科专业知识外,教师还必须要广泛涉猎高等教育学、心理学、历史学等相关学科知识,尽可能提高自己的综合素养,为学生成长提供综合赋能支撑。因此,大学英语教师知识视野的拓展是一个无限外延的过程,从内容维度看,是涵盖历史、教育、文学、生态学、语言学等多学科知识体系的学习;从时间维度看,是一个永无止境的历史过程。

3. 要有全球化的国际视野

外语是一门特殊的课程,面对的是中国学生,传授的是西方语言,这就对英语教师驾驭课堂教学提出了较高的要求。尤其是在课程思政的新形势下,如何处理好传授与解惑、接纳与辨析等的关系对不少教师来说是一个挑战。在当今瞬息万变的时代,复杂的国际环境让文化冲突与碰撞变得尤为激烈,大学生往往有较强的求知欲,特别希望能够通过外语课堂学习一些新知识,喜欢拿中西文化、中西社会现象做对比,这就对大学英语教师的课堂把控力提出了新要求。教师只有坚持开放的国际视野,用马克思主义观点看待这些问题,才能给予学生正确的引导,提升大学英语课堂思政的效果。否则,就难以驾驭好课程思政背景下的大学英语课程。

(五) 自律要严

自律是一种品格,是个人政治素质和政治能力的重要体现。大学英语教师只有对自己严格要求了,才能对学生严格要求,才能起到示范作用,更好地教育和感染受教育对象,逐渐培养教育对象的信赖感和归属感。课程思政背景下的大学英语教师应该如何自律?

1. 要遵守政治纪律和政治规矩

坚持"学术研究无禁区,课堂讲授有纪律"。新时代的大学英语教师应该遵守政治纪律和政治规矩。2018年1月31日,中共中央、国务院发布《关于全面深化新时代教师队伍建设改革的意见》:"把提高教师思想政治素质和职业道德水平摆在首要位置,把社会主义核心价值观贯穿教书育人全过程,突出全方位全过程师德养成,推动教师成为先进思想文化的传播者、党执政的坚定支持者、学生健康成长的指导者。"对于哪些话在课堂上能讲,哪些不能讲,教师必须有自己明确的底线思维,不能讲的坚决不讲,发现学生有错误的思想或者认知误区时,要及时予以纠正,要时刻谨记自己的教师身份,时刻注意自己的言行,切忌随意评论和乱讲话,时刻将政治纪律和政治规矩挺在前。

2. 要做好表率

在面对大学英语课程内容中的西方社会知识时,教师要旗帜鲜明地告诉学生现实是什么,真相是什么,道理是什么,不遮掩、不杜撰、不崇洋媚外。教师做出的样子就是给学生树立的榜样。教师是学生的镜子,学生是教师的影子,教师的一言一行应该成为学生言行的样板。教师在养成自律的习惯的同时,会影响学生自觉养成遵纪守法、遵守党纪党规,成长为新时代全面发展的优秀大学生。

(六) 人格要正

人格是一个人品行修养的直接体现,它"反映的是一个人的思想觉悟、道德情操、工作能力所达到的水准,是一个人知识积累、道德修养和意志磨炼的结晶。人格的意义在于以感性形式作用于外部世界,影响周围的人和环境,乃至作用和影响一定的社会层面"(张雷声,2019:59)。对于学生来讲,最吸引他们的不是知识,而是教师的人格,从这个意义上来讲,人格是教师身份中最有价值的东西。当学生对教师人格魅力产生浓厚兴趣后,学生就会"信其道",才能真正从思想上信任老师,才愿意敞开心扉接受老师的熏陶与教导。这才能够达到课程思政背景下大学英语课程教学的初心。大学英语教师的人格魅力体现在以下两个方面。

1. 英汉语言功底和中西文化底蕴

与其他学科教师相比,大学英语教师的英语听说读写译能力更为突出。大学英语作为一门人文学科,教学内容中渗透着西方文化。因此,一个具有人格魅力的大学英语教师应该具有广阔的跨文化知识背景和一定的文化底蕴,能够学贯中西,旁征博引,在中英文之间灵活转换,传授给学生语言文学知识的同时,也能够开拓学生的视野,帮助学生树立正确的人生观和价值观。

2. 优雅的仪表仪态

大学英语教师将"外在美"和"内在美"融合在一起，才能够增强自己的授课感染力，用高尚的人格魅力感染学生、打动和赢得学生，与学生更容易产生情感上的共鸣。

二、课程思政背景下大学英语教师的政治理论素养提升策略

提升课程思政背景下大学英语教师的政治理论素养是一项系统工程，既需要教师发挥主体能动性，也需要学校完善配套的政策支持。笔者认为，通过健全内外结合、双向注重的机制，能有效提升大学英语教师的政治理论素养。

（一）发挥大学英语教师政治理论素养提升的主体作用

马克思主义哲学告诉我们，对事物发展起着决定作用的是内因，只有内因能提供内生动力。所以，提升大学教师的政治理论素养必须从激发教师的主观能动性开始，强化政治理论学习。课程思政背景下的大学英语教师应该将自觉抓好政治理论学习作为重要任务，制订学习计划，明确学习内容和重点。

1. 必须学习贯彻习近平新时代中国特色社会主义思想

要结合实际，深入学习习近平新时代中国特色社会主义思想体系，读原著、学原文，学深悟透，做到学用结合。要用习近平新时代中国特色社会主义思想武装头脑，不断提高"政治三力"，深刻领悟"两个确立"的决定性意义，增强"四个意识"，坚定"四个自信"，坚决做到"两个维护"。

2. 要有针对性地加强马克思主义经典著作的学习

在经典著作的学习上，要注重质量，选择有代表性的马克思主义经典著作，读深读透，掌握其基本立场、观点和方法，并且要自觉将使用马克思主义立场、观点作为一种思维方式和习惯，将这种习惯融入到学习生活中，内化为看待问题、分析问题、解决问题的基本价值标尺。

3. 要做好"四史"（党史、新中国史、改革开放史和社会主义发展史）学习

大学英语教师通过学习党史，增进对伟大中国共产党宏伟历史的了解；通过学习新中国史，了解中国当今发展的来之不易；通过学习改革开放史，充分体

味改革开放带给社会变革的历史伟力;通过学习社会主义发展史,进一步充分认识社会主义发展的美好前景。对"四史"了解多了、了解透了,政治理论知识自然就有了基础。

(二) 学校为大学英语教师政治理论素养提升创设积极条件

1. 健全激励机制

激励教育法就是激发人们的主观能动性,激励人们朝着正确目标努力的方法(郑永廷,2019)。《指南》指出:"大学英语课程评价涉及大学英语教学的专家机构、教育管理部门、课程支撑平台专家、教师、学生以及学校的各个院系……教师和学生是大学英语课程评价的主体,应积极主动参与评价活动,包括教师或学生在教学过程中的自评、互评以及反思。"(教育部高等学校大学外语教学指导委员会,2020:28)由此可见,根据《指南》所列的评价范畴,制定符合课程思政背景下大学英语教师表彰激励的标准是激发大学英语教师积极性的重要一环。笔者看来,这个标准可以参考本书前面所提到的"六个要"对大学英语教师提出的素质要求。"六个要"从职责方面规定了课程思政背景下大学英语教师的工作职责,以这个维度为标准设计评价指标,能较好地实现课程思政与大学英语结合的基本要求。再就是,注重对典型事迹的发掘和宣传是激励教师的另外一个重要环节。根据评价指标评选出来的课程思政教学先进集体和个人是影响大学英语课堂生态的生态因子运行的重要因素,能够引导其他因子按照优秀因子的运行模态进行调整,激发其他生态因子的积极性和活力。

2. 完善监督机制

一个健康课堂生态的有效运行除了靠自身运行机制外,监督保障措施也是必不可少的。监督机制对于调控教师行为、预防和补救教育改进具有直接作用。课程思政背景下的大学英语课堂有自己的规范要求,需要通过必要的监督机制来保证规范的执行,从而不断提升自身的师德修养。首先,要明确大学英语教师师德行为的负面清单,划好课堂底线和红线。《关于全面深化新时代教师队伍建设改革的意见》《高等学校教师职业道德规范》《新时代高校教师职业行为十项准则》等政策文件中对教师师德规范做出了明确的界定,这些界定和规范是教师师德的红线和底线。除了这些政策外,针对党员英语教师,《中国共产党廉洁自律准则》《中国共产党纪律处分条例》等党纪党规对党员教师的行为也进行了明确规定,这是加在党员教师头上的另外一套"紧箍咒",必须铭记在心,严格遵守。

第三节　大学英语教师的其他素养培育

《指南》中针对大学英语教师的素养提出了"育人素养、学科素养、教学素养、科研素养和信息素养"的五大素养要求。这五个类别的素养是互联贯通和有机联系的整体,有交叉,也各有侧重。笔者前面结合课程思政这个宏观背景,重点论述了大学英语教师的思政意识和思政能力以及思想政治素养的相关内容。这两个层面的内容主要是学科素养和教学素养的范畴。它从本质上阐述了思想政治教育的价值要求,这与大学英语课程建设和改革的目标是一致的。接下来,笔者想对育人素养、信息素养再做一简述,进一步探讨课程思政背景下的大学英语教师素养培育问题。

一、育人素养

育人素养实际上是一个很宽泛和抽象的概念。从生态系统的角度看,课程思政背景下的大学英语课堂生态就是一个系统整体,能促使系统运行的教师、学生、各类环境因素从根本属性上来讲都是育人素养的范畴。为了聚焦研究,笔者主要从大学英语教师的情感素养这个角度来谈谈大学英语教师的育人素养问题。因为,在笔者看来,以双向交流为基础的情感交流是思想政治教育育人的重要方式方法,也是有效手段。

(一) 关于情感教育与情感素养

自从教育产生以来,"情感"就是伴随这个实践活动始终的重要因素。霍克希尔德（2020：181-182）指出，情感劳动要具备三个标准："需要与公众进行面对面或是声音相闻的接触；需要劳动者在其他人身上催生出一种情感状态，如感激或恐惧；能够使雇主通过培训和监督对雇员的情感活动予以一定程度的控制。"教育尤其是思想政治教育，本质上更是一种情感教育，因此，课程思政背景下关注大学英语教师的情感素养与情感教育是提升课程教学效果、提高大学英语课程思政能力的重要介入点。

情感素养是教师素养的重要指标。在教师素养的众多指标中，情感素养最能体现教师的个性特点，是标识性的身份特征。课程思政背景下的大学英语教师素养主要是大学英语教师在组织课程思政与大学英语教学结合的实践活动中所体现出来的一种情感体验。大学英语教师情感素养往往显现为英语教师对学生的情感表达和情感回应，应该根据外界环境变化灵活地进行自我情感调试。所以，大学英语教师情感素养是涵盖了情感涵养、道德修养、教育智慧等的必备素养综合体。课程思政背景下的大学英语教师情感素养应该包括以下三个方面的内容。

1. 身份认同意识

大学英语教师应该明确自己的身份，清楚自己在课程思政背景下的语言传授、思想政治教育活动中的角色，并时刻牢记自己是学生思想的引路人，从而更加规范课程思政背景下的课堂教学行为。这要求大学英语教师在保持对英语教学的热情外，呈现出积极的职业情感。当遇到学生语言学习效果差、学习态度不端正等教学困境时，能够主动摆脱客观环境带来的负面情绪，调整适应现实教学场景，采取有力措施进行合适的情感回应。大学英语教师要能够调整自我情感，充分认识自己在大学英语课程思政背景下所承担的使命和职责，并不断提升自己的人格修养。在应对课程思政背景下英语教学场景中的挫折时，要能够有效调试自己的情绪，以饱满的热情投入教学活动中去。

2. 教学中的情感倾注

教师的情感素养只有放到师生互动的场景中才能有意义。课程思政背景下衡量大学英语教师教学能力的一个重要观测点是对学生情感的影响力。因此，"在与学生的互动中，教师不仅要能控制与调节自我情绪、情感，而且应具备觉察、评价学生情绪状况的能力,引导学生调控情感和情感交流,最终有效影响和改变学生的情感状态"(房玫,汤俪瑾,2018:228)。在学生看来,课程思政背景下的大学英语教师是他们成长道路上的思想引路人。教师要从学生的情感情绪反应来对自己的教学效果进行评判,并积极进行调节和调试。课程思政背景下的大学英语教学已经不同于传统意义上的大学英语教学,教师在传授英语知识的过程中负有育人的重要任务,所以,教师在课堂上的情绪直接会影响到学生对语言的学习与价值判断。教师的英语教学设计、教学方法与理念、教学组织与实施等教学活动直接影响着学生的情感,影响他们接受西方文化的价值趋向,最终影响到他们的学习成效(张立友,2022)。在这个过程中,大学英语教师的情感调试就显得非常重要。

3. 自我价值的实现

情感素养对于大学英语教师来说尤为关键和重要,包含着对自我价值实现的情感需要。一方面,教师需要获得自己的职业成就感。教师需要从学生积极正向评价中感知自己的教学成就与荣誉感,这是一名大学英语教师的职业情感诉求。另一方面,专业化也是英语教师自我价值实现的体现。基于专业化的目标,教师需要不断更新理念,勤于反思自己的教育教学,并不断地完善自我,驱动其他专业素养的提升。

(二)情感素养在课程思政背景下大学英语教师品格形成中的作用

课程思政背景下的大学英语教学改革,对大学英语教师品格提出了更高的要求。情感素养的构建对于支撑这种课程思政改革对大学英语教师提出的要求提供了可能,主要体现在以下两个方面。

1. 能够塑造更为稳健的道德力量

课程思政背景下的大学英语教学尤其对英语教师的思想道德素质提出了更高要求,而稳健的道德力量是塑造高素质道德品质所必需的。在课程思政背景下,大学英语教师必须坚定文化自信,以社会主义核心价值观为指引,辩证理性看待西方文化,擦亮自己的政治底色,培养宽广的教育情怀。作为引路人,大学英语教师必须用自己的道德行为影响和引导学生在大学英语学习中坚定文化自信,树立远大志向,养成正确的文化交流观。

2. 激发构建课程思政的内驱力

课程思政背景下的大学英语课堂要发挥好课程思政功能,必须要求英语教师有较高的课程思政驾驭能力。这种对课程思政的驾驭能力体现在互动良好的师生关系、优质高效的课堂教学组织等方面。情感素养能为大学英语教师更好地提高驾驭能力提供内在的驱动力。一是情感素养有利于教师在课程思政背景下英语课堂上创设"情感-交往型师生关系"(朱小蔓,王平,2017)。在这种模式下,教师用情感关怀唤醒学生的内在情感需求,学生用积极的情感回应教师,由此构架了高效互动的交流渠道,为形成课程思政背景下的大学英语课堂生态创设了基本条件。二是怀有深厚教学情感的大学英语教师,有利于构建良好的课堂生态。在积极情感教育介入的大学英语课堂中,教师以饱满的情感投入课堂教学组织、知识传授等过程中,学生以积极的情感与教师的教学形成良性的活动。这样一来,作为课堂生态主体的大学英语教师与学生形成了积极的互动,为整个大学英语课堂生态的优化和稳定起到了基础性作用。

(三) 大学英语教师情感素养的培育路径

对于课程思政背景下的大学英语教师而言,培养强大的情感韧性,提高情感能力,提高驾驭课堂能力,是更好地履行育人职能的必要环节。可以从下面两个环节入手。

1. 扩大情感技能积累

面对课程思政改革背景下的大学英语教学,教师应该要有充分的心理预期,对课程思政给大学英语课堂教学带来的新要求有预判和评估,这是增强情感技能的基本前提。在开展大学英语课程思政教学之前,要对《指南》中有关大学英语教学情感技能的表述进行全面了解,以便形成贴合实际的课程教学预期。情感积累是一个漫长的过程,尤其是对于已经对大学英语教学有着长期实践经验的老师来讲,课程思政的改革方向是给他们提出的新要求。加强情感素养的培训是情感技能积累的一个重要途径。情感素养虽然不是具体技能和知识,但是它直接影响到教师能否适应课程思政背景下大学英语改革的形势,能否有效实现课程思政改革的目标。所以，应该将对大学英语教师情感素养的培训纳入日常管理中，不断提升他们在信念教育、人格品质教育、教育伦理与情感教育等方面影响学生并促进其成长的能力。

2. 强化实践中的协同育人机制

传统的大学英语教学以语言技能传授为主，课程思政背景下的大学英语教学不仅仅需要技能传授，更需要理想信念、社会主义核心价值观等思政教育。所以，教师在注重基本技能传授的同时，必须设计合理的思政要素结合点，以贴近大学生情感场景的方式对学生开展思想政治教育。在这个过程中，一方面大学英语教师要积极构建教学共同体，通过集体备课、共同进行思政课堂的设计，及时沟通交流教学理念与方法，深挖教材中蕴藏的课程思政资源，共同制定融入理想信念教育、价值观教育等内容的课件。另一方面，学校可以整合校内资源，将学校内课程思政方面的专家、思政课教师等集合在一起，共同挖掘课程思政与思政课堂之间的联系，互通有无，吸取不同教师群体的成功经验，汲取不同教师类型的情感智慧，打造情感育人的实践共同体。

二、信息素养

《指南》明确指出："现代信息技术应用于大学英语教学，不仅使教学手段实现了现代化、多样化和便捷化，也促使教学理念、教学内容、教学方式发生改变。信息化和智能化时代为外语教学提供了全新的教学方式、学习方式和前所未有的丰富资源。大学英语应充分发挥现代教育技术特别是现代信息技术在英语教学中的重要作用，大力推进现代信息技术与课程教学的深度融合。大学英语教师要与时俱进，不断学习，跟上新技术发展，积极推动现代信息技术全面深入融入教学与学习过程，不断增强使用信息技术的意识、知识和能力，在具体的课堂教学设计与实施过程中，融入并合理使用信息技术元素，熟悉线上教学模式和线上线下混合式教学模式。"（教育部高等学校大学外语教学指导委员会，2020：35）由此可见，现代信息技术在新版的《指南》中作为一种教学方式和手段被明确为改革建设的重要方向。课程思政背景下的大学英语课堂生态必须关注和使用这一重要的手段和方式，以确保大学英语课堂生态的活力和稳定。

（一）信息化背景下大学英语课堂建设的机遇与挑战

1. 信息技术拓展了大学英语课堂生态的构成要素

传统的大学英语课堂中，课堂的主体是教师和学生。教师、学生、教材以及黑板是构成课堂教学的主要要素，教师是知识传授者，学生是信息接收者，教材和黑板是教学的传授工具。当信息技术被引入大学英语教学之后，教学环境、教学方式等都发生了变化，学生学习资源的方式变得更加丰富，网络虚拟课堂等一些现代的课堂方式也逐步出现。

2. 信息技术丰富了大学英语课程资源的表现形式

在传统的大学英语课堂中，纸质教材是最主要的课程资源载体。而在信息技术背景下，数字化资源为大学英语课堂提供了更为丰富和立体的教学资源形式。各种各样的教学资源，通过信息化手段，被推入网络学习资源环境中，英语教材也从单一的纸质教材变为兼容纸质、网络等多种形式的立体教材。

3. 信息技术改变了大学英语课堂的教学方式

传统的大学英语课堂以教师的讲授为主，教学模式比较单一，教师的教与学生的学是相对呆板的。在信息技术背景下，教师的教学工具和学生的学习载体均发生了变化，计算机、多媒体等成为大学英语课堂的常用教学工具，知识的来源更加宽广，呈现方式更加立体和直观，学生学习和接触的单一模式被重塑，以教师为中心的课堂逐渐向以学生为中心的课堂转移。

4. 信息技术对大学英语课堂的评价方式产生影响

在信息技术背景下，《指南》中对大学英语课程评价做出了明确规定，要推动线上线下混合式教学等教学模式下的课程评价，利用信息技术建立大学英语教学基本状态数据常态监测和反馈机制，促进自我改进和提高。信息化手段为记录学生网络学习的过程提供了便利，让学生的自主学习过程变得可监控，为实现动态评价提供了技术支持。

由此可见，信息技术给大学英语课堂生态带来了机遇，但也给课程思政背景下大学英语课堂生态的稳定性带来冲击和挑战，使得大学英语课堂生态各要素的生态位及它们之间的关系发生了变化，生态系统的稳定性受到影响，造成了诸多不适应。这些不适应主要体现在以下几个方面。

从大学英语教师这个层面来看。(1)教学观念没有与时俱进。现实中,有些教师并没有随着这轮信息化改革进程而及时转变教学观念,仍然坚持传统的以教师为中心的教学方式,对信息技术带来的便利视而不见。他们没有意识到信息技术给大学英语教学带来的资源便利、授课方式的便利等积极因素,对课堂教学还是定位到传统的教学模式。(2)信息技术水平不高。由于自身条件的限制,部分教师不愿意花费专门的精力去掌握和研究信息条件下的教学改革,甚至对信息技术带来的便利产生畏惧情绪;还有部分教师认为提供一个网络环境或者提供一些网络学习资源就是网络教学的全部,将信息化条件下的大学英语课堂教学人为简单化,对信息化背景下的大学英语课堂教学的认知片面化。(3)过度依赖心理。过度依赖信息技术是信息化下大学英语教学的一个极端。部分教师认识到了信息化条件下的授课便利,习惯在课堂上播放多媒体课件和视频资料,觉得自己可以少动嘴,学生也可以接触到大量的教学资源,久而久之对信息技术依赖过度,教师的主观能动性和驾驭课堂的能力被逐渐削弱,大学英语课堂生态的完美运行也就无从谈起。

从学生层面来看。(1)学习观念更新不及时问题。信息化技术的介入,需要学生尽快完成自身学习态度、学习模式等观念转化,主动接受和掌握信息技术。但从现实情况看,部分学生依赖性心理强,认为课堂教学主要还是依靠教师的教来实现知识的传授,把信息技术条件下的便利因素视为教师的投机行为,进而在心理上产生抵触情绪,认为教师过度使用信息技术是对学生的一种放纵和疏于管理。(2)学习习惯的改变问题。在传统的大学英语课堂上,学生的学习习惯思维是教师的教学前提,没有这个前提,课堂教学就是一个不完整的过程。在他们的思维中,端坐在教室中听老师侃侃而谈才是真正的课堂学习,不愿改变这种他们心目中理想的课堂模式。(3)信息素养不够高问题。一般认为,信息素养包括技术和人文两个层面的含义:从技术层面来说,信息素养是指人们利用信息的意识和能力;从人文层面来讲,信息素养反映了人们面对信息的心理状态,也可以说是面对信息的修养(李豫颖,2008)。随着高校对信息课程的重视,学生在技术层面的意识和能力得到明显改善,但是在人文层面的缺乏还是比较明显的,突出的表现就是学生网络修养的参差不齐,导致学习中的一些网络不文明现象屡禁不止,比如通过网络获取不当资源对信息化教学造成干扰,禁不住网络诱惑将精力投入网络游戏中。

从教学环境层面看。教学环境具有广义和狭义之分。狭义的教学环境仅指师生双方活动所处的物理环境,广义的教学环境则还包括社会人文环境,如师生关系、师生心理、社会氛围。只有了解教学环境,适应教学环境,控制教学环境,使教学环境为教学工作服务,教学才能获得理想的效果(李伯黍,燕国材,2001)。信息化技术给大学英语课堂生态构建带来了活力,但也产生了一些问题。比如,信息化建设趋同问题,现实中,不少高校的信息化建设重硬件建设,轻软件管理,网络教学系统采用现成的系统多,结合学校自身实际进行二次创新的少。再就是网络资源也良莠不齐,有的资源就是课本内容的翻版,有些资源杂乱无序、东拼西凑、不成体系,无法有效支撑课程思政背景下的大学英语课程改革的需要。还有就是对人文关怀和师生关系的关注缺失,想当然认为只要采用了信息技术,人为交流就可以不要了,造成不必要的交流障碍。实际上,人文交流的缺失会造成大学英语课堂生态运行的“润滑剂”缺失,对系统运行造成伤害。

(二) 大学英语教师信息素养的提升路径

作为课堂生态主体的教师如果信息化素养不高,就难以与作为生态环境因子的信息技术之间形成良性交互,课堂生态效果就会受到影响,信息化作为提升课堂教学效果的效力就会大打折扣。要提高大学英语教师的信息化素养,主要考虑通过以下途径来解决。

1. 加强思想引导,树立正确的信息化素养观

在课程思政背景下大学英语课堂生态中,正确的信息化素养观包括以下几个观点要素。一是信息化是课程思政背景下大学英语课堂生态建设的正向利器。思想上要积极拥抱信息化潮流,而不是畏惧与回避。二是信息化是双刃剑,要学会用辩证思维来看待和使用。既要看到信息化带来的改革红利,更要看到信息化带来的冲击,尤其是要充分意识到课程思政背景下信息化带来的不利因素,要辩证看待,辩证把握,趋利避害方可扬长避短。因此,学校或者教研室要

通过开设讲座、培训等方式帮助教师深刻认识信息化的大趋势,充分认识到信息化改革给大学英语课堂教学带来的优势,通过讲解、宣传帮助教师树立正确的信息化素养观。

2. 构建教师生态位,提升教师信息素养意识

课程思政背景下的大学英语课堂生态系统的形成是个长期的过程,是各个生态因子互相影响的结果。信息技术是入侵的因子,本质上是一把双刃剑的生态因子,要适应这种新的生态环境,就要求教师必须重构生态位,因为这是信息技术打破生态平衡后实现新的生态平衡的先决条件,也是关键环节。在这样的背景下,教师的信息化素养意识与水平决定着信息化与课程思政背景下大学英语课堂融合的效度,也会对学生的信息化素养产生影响。一方面,要求教师转变观念,提高信息的敏感度。信息技术是现代产业革命的结果,对于提高工作效率具有积极作用。大学英语教师要充分认识到这种有利条件,自觉养成运用信息技术解决问题的思维。另一方面,提升意识促进自我反思和觉醒。2020年新冠疫情暴发以后,信息技术带给课堂教学的便利已经得到充分认证。所以,教师应该更多地进行自我反思和认知,充分认识信息技术带来的生态换位必要性,发自内心地进行自我改进。

3. 充分利用活水效应,提高教师信息素养

在课程思政背景下的大学英语课堂生态中背景下,要更好地实现课程思政的效果,就必须对课堂生态进行优化,而信息技术的注入正好带来了这种生态优化的活水源,大学英语教师应该把握这种技术来优化课堂生态因子。

(1)加强自我学习。自学是提高信息素养的主要途径和方式。在当今信息技术条件日趋完备的条件下,广大教师应该充分利用各类在线课程资源进行充电,这类课程资源丰富,信息量巨大,配上完备的技术条件,学习起来也非常便利。

(2)组建学生学习的共同体。信息技术为学生之间的学习与交流提供了更为便利的条件。信息化条件下,教师可以更加有效地组织学生学习,强化学生的主体观念,提高学生的学习效率,增进他们之间的交流,这就要求教师对学生的学习加强组织和指导。

（3）组建教师合作共同体。所谓合作共同体是指英语教师基于信息化背景下研究提升教学技能而组成的教学团队。这类教学团队的组合，可以是教研室之间的，也可以是跨教研室的，甚至是跨学科的。这类团队成立之后，可以通过微信群等，对共同关心和关注的问题进行便利交流，时间久了，在不知不觉中就提高了团队教师的信息化素养。

4. 优化信息生态环境

课程思政背景下的大学英语课堂生态系统的稳定运行需要良好的信息生态环境，这类生态环境的优化需要硬件和软件的大力支持。硬件方面，需要各高校加大投入，更新购置信息化设备，建设多媒体教室、语音室、慕课实验室等各类物质环境场所。从软件层面来看，需要加强针对性的培训，建立精细化的培训平台，通过培训来不断提高教师的信息化素养以便支撑信息生态环境；再就是要完善教师信息化素养的评价机制，将信息化素养内化为教师的自觉行为，形成内在的驱动力。

参考文献

[1] Ashby, E. *Universities: British, Indian, African: A Study in the Ecology of Higher Education* [M]. Cambridge: Harvard University Press, 1966.

[2] Bloomfield, L. *Language* [M]. New York: Henry Holt and Company, 1993: 274.

[3] Boyer, E. *The Basic School: A Community of Learning* [M]. Berkeley: the Carnegie Foundation for the Advancement of Teaching, 1995.

[4] Chris, W. *Classroom as Learning Communities*[M]. London: Routledge, 2005: 19.

[5] Costanza, R. & Mageau, M. What Is a Healthy Ecosystem?[J]. *Aquatic Ecology,* 1999(1): 198-200.

[6] Dukes, M. & Saudargas, R. A. Teacher Evaluation Bias Toward LD Children-Attenuating Effects of the Classroom Ecology[J]. *Learning Disability Quarterly,* 1989(2): 126-132.

[7] Ellis, N. & D. Larsen-Freeman. Language Emergence: Implications for Applied Linguistics—Introduction to the Special Issue[J]. *Applied Linguistics,* 2006(4): 558-589.

[8] Gibson, J. J. *The Ecological Approach to Visual Perception* [M]. Boston: Houghton Mifflin Company, 1979: 127.

[9] Gibson, J. J. The Theory of Affordances [M]// R. Shaw & J. Bransford (Eds.). *Perceiving, Acting, and Knowing: Toward an Ecological Psychology.* Hillsdale: Erlbaum, 1977: 67-82.

[10] Gibson, J. J., Edwards, T. W. D., Bursey, G. G. & Prowse, T. D. Estimating

Evaporation Using Stable Isotopes [J]. *Quantitative Results and Sensitivity Analysis for Nordic Hydrology,* 1993(24): 79-94.

[11] Goldsetin, J. Emergence as a Construct: History and Issues [J]. *Emergence: Complexity and Management,* 1999(1): 280-299.

[12] Halliday, M.A.K. New Ways of Meaning: The Challenge to Applied Linguistics [J]. *Journal of Applied Linguistics,* 2001(6): 7-36.

[13] Hammer J . *The Practice of English Language Teaching* [M]. London: Longman, 1990: 158.

[14] Hayati, A. et al. Using Short Message Service (SMS) to Teach English Idioms to EFL Students[J]. *British Journal of Educational Technology,* 2013(1):78-81.

[15] Hugan, Einar. The Ecology of Language [M]// Anwar S. Dil(Ed.). *The Ecology of Language: Essays by Einar Haugen.* Standford: Standford University Press, 1972: 325-339.

[16] Kramsch, C. Social Discursive Construction of Self in L2 Learning [M]// J. Lantolf (ed.) . S*ociocultural Theory and Second Language Learning.* Oxford: Oxford University Press, 2000.

[17] Kramsch, C. *The Multilingual Subject: What Language Learners Say about Their Experience and Why It Matters*[M]. Oxford: Oxford University Press, 2009.

[18] Lantolf, J. P. & Pavlenko, A. Second Language Activity: Understanding Second Language Learrners as People[M]// M. Breen (Ed.). *Learner Contributions to Language Learning: New Directions in Research.* London: Longman, 2001: 141-158.

[19] Larsen-Freeman, D. & L Cameron. *Complex Systems and Applied Linguistics* [M]. Oxford: Oxford University Press, 2007.

[20] Laufer, B. & Ravenhourst-Kalovski, G. C. Lexical Threshold Revised: Lexical Text Coverage, Learners' Vocabulary Size, and Reading

Comprehension[J]. *Reading in a Foreign Language,* 2010(1): 15.

[21] Muhlhausler, P. *Language of Environment, Environment of Language: A Course of in Ecolinguistics* [M]. London & New York: Paul & Co Pub Contortion, 2003.

[22] Pavlenko, A. & J. Lantolf. Second Language Learning as Participation and the Reconstruction of Selves [M]// J. P. Lantolf (Ed.). *Sociocultural Theory and Second Language Learning.* Oxford: Oxford University Press, 2000.

[23] Peng, J. Changes in Language Learning Beliefs during a Tertiary Study: The Mediation of Classroom Affordances [J]. *System,* 2011(3): 314-324.

[24] Rapport. D. J. What Constitutes Ecosystem Health?[J]. *Perspectives in Biology and a Medicine,*1989(2): 99-100.

[25] Sinclair, B. The Teacher as Learner: Development in an Interactive Learning Environment [M]// R. Pemberton, S. Toogood & A. Barfiend (Eds.). *Maintaining Control: Autonomy and Language Learning.* Hongkong: Hongkong University Press, 2009: 175-198.

[26] Sinclair, J. M. *Trust the Text: Language, Corpus and Discourse*[M]. London: Routledge, 2004:164.

[27] Van Lier, L. Action-based Teaching, Autonomy and Identity [J]. *Innovation in Language Learning and Teaching,* 2007(1): 46-65.

[28] Van Lier, L. From Input to Affordance: Social-Interactive Learning from an Ecological Perspective[M]//J. P. Lantolf (Ed.). *Sociocultural Theory and Second Language Learning.* Oxford: Oxford University Press, 2000: 245-259.

[29] Van Lier, L. *The Ecology and Semiotics of Language Learning: A Sociocultural Perspective*[M]. Boston: Kluwer, 2004:90.

[30] Waller, W. *The Sociology of Teaching*[M]. New York: Russell and Russell, 1932.

[31] Wilkins, D. A. *Linguistics in Language Teaching* [M]. London: Edward

Amold, 1972: 48.

[32] Nida, E. A. 懂英语 [M]. 胡壮麟, 黄倩, 译. 北京: 外语教学与研究出版社, 1998: 32-45.

[33] 阿伦·斯提比. 生态语言学: 语言生态与我们信奉和践行的故事 [M]. 陈旸, 黄国文, 吴学进, 译. 北京: 清华大学出版社, 2019.

[34] 安国星. 新课程下构建语文生态课堂的尝试与思考——也谈教师是最重要的课程资源 [J]. 河北教育, 2005 (18): 24.

[35] 百度百科 [2023-12-03]. https://baike.baidu.com/item/ % E5 % 8E % 9F% E5% 88% 99/2582.

[36] 曾敏. 外语教育中的文化安全研究 [D]. 武汉: 华中师范大学, 2016: 3.

[37] 陈坚林. 大学英语教学新模式下计算机网络与外语课程的有机整合——对计算机"辅助"外语教学概念的生态学考察 [J]. 外语电化教学, 2006 (12): 7.

[38] 辞海 (第六版普及版) [Z]. 上海: 上海辞书出版社, 2009: 1918.

[39] 窦良福. 课堂生态及其管理策略研究 [D]. 济南: 山东师范大学教育管理专业硕士学位论文, 2003: 26-29.

[40] 杜亚丽, 陈旭远. 透视生态课堂的基本因素及特征 [J]. 教育理论与实践, 2009 (7): 54.

[41] 杜亚丽. 中小学生态课堂的理论与实践研究 [D]. 长春: 东北师范大学博士学位论文, 2011: 111-122, 148.

[42] 范国睿. 教育生态学 [M]. 北京: 人民教育出版社, 2019: 21-37.

[43] 范俊军. 生态语言学研究述评 [J]. 外语教学与研究 (外国语文双月刊), 2005 (3): 110-115.

[44] 房玫, 汤俪瑾, 黄金满. 思想政治理论课教学过程的优化 [M]. 芜湖: 安徽师范大学出版社, 2018: 228.

[45] 福建省教育厅. 福建省教育厅关于全面推进高等学校课程思政建设的实施意见 [EB/OL]. (2021-12-17) [2023-12-12]. http://jyt.fujian.gov.cn/xxgk/zywj/202112/t20211217_5795760.htm.

[46] 共产党员网. 习近平在哲学社会科学座谈会上的讲话 [EB/OL].
（2016-05-17）[2023-12-14]. https：//news. 12371. cn/2016/05/19/
ARTI1463594345596569. shtml?from=singlemessage.

[47] 顾曰国. 教育生态学模型及网络教育 [M]. 北京：外语教学与研究出版
社，2005.

[48] 何天立. 新旧动能转换视角下的高校课堂生态系统建构探索——基于
要素、结构和功能的分析框架 [J]. 西部学刊，2020（8）：125-128.

[49] 洪志忠. 高校基层教研室的演化与重建 [J]. 大学教育科学，2016（3）：
86-89.

[50] 黄国文. 外语教学与研究的生态化取向 [J]. 中国外语，2016（5）：1-9.

[51] 黄忆春. 从生态学视角看课堂教学活动 [J/OL]. http：www. lw23. com，
2003.

[52] 黄远振，陈维振. 中国外语教育：理解与对话——生态哲学视域 [M]. 福
州：福建教育出版社，2010：149-150.

[53] 霍克希尔德. 心灵的整饰 [M]. 成伯清，淡卫军，王佳鹏，译. 上海：上海
三联书店，2020：181-182.

[54] 江光荣. 班级社会生态环境研究 [M]. 武汉：华中师范大学出版社，
2002：56-58.

[55] 教育部. 教育部关于公布课程思政示范项目名单的通知 [EB/OL].
（2021-06-01）[2023-12-12]. http：//www. moe. gov. cn/srcsite/A08/
s7056/202106/t20210610_537281. html.

[56] 教育部. 普通高等学校课程思政建设指导纲要 [EB/OL].（2020-06-
01）[2023-12-11]. http：//www. moe. gov. cn/srcsite/A08/s7056/202006/
t20200603_462437. html.

[57] 教育部. 全面推进高校课程思政建设 [EB/OL].（2019-10-31）[2022-
12-12]. http：//www. moe. gov. cn/jyb_xwfb/xw_fbh/moe_2606/2019/
tqh20191031/sfcl/201910/t20191031_406254. html.

[58] 教育部. 深化新时代教育评价改革总体方案 [OB/EL].（2020-10-

13）［2023-11-27］. http://www.moe.gov.cn/jyb_xxgk/moe_1777/moe_1778/202010/t20201013_494381.html.

［59］教育部高等学校大学外语教学指导委员会.大学英语教学指南（2020版）［S］.北京:高等教育出版社,2020.

［60］金建生,王嘉毅.构建生命发展生态课堂［J］.教学科学论坛,2005（12）:6-8.

［61］李伯黍,燕国材.教育心理学［M］.第二版.上海:华东师范大学出版社,2001:331.

［62］李聪明.教育生态学导论［M］.台北:台湾学生书局有限公司,1989.

［63］李森,王牧华,张家军.课堂生态论——和谐与创造［M］.北京:人民教育出版社,2011.

［64］李顺英.大学英语课堂生态系统的健康表征.［J］海外英语,2021（20）:10.

［65］李豫颖.信息技术教学论［M］.厦门:厦门大学出版社,2008:197.

［66］刘华,宋雪梅.生态化教学论略［J］.齐齐哈尔师范高等专科学校学报,2007（3）:85-86.

［67］刘庆昌.对话教学初探［J］.教育研究,2001（11）:65-69.

［68］刘长江.教育人本论与大学英语个性化教学［J］.教育评论,2008（4）:85.

［69］刘长江.信息化语境下大学英语课堂生态的失衡与重构［D］.上海:上海外国语大学,2013.

［70］刘正光,岳曼曼.转变理念、重构结构,落实外语课程思政［J］.外国语,2020（9）:22.

［71］罗志定.新课程理念下的生态课堂［J］.绍兴文理学院学报,2005（4）:117.

［72］马寅初.英语课堂教学开放系统之我见——从耗散结构谈起.［J］湖南师范大学社会科学学报,1996（1）:123.

［73］潘光文.课堂的生态学研究［D］.重庆:西南师范大学,2004:16-22.

[74] 裴文. 语言流变过程状态的时空观解释 [J]. 安徽大学学报:哲社版, 2005(1):103-108.

[75] 秦丽莉,赵迎旭,高洋,等. 社会文化理论指导的大学英语课程思政教学有效性研究探析 [J]. 解放军外国语学院学报,2023(1):78-79.

[76] 萨克塞·汉. 生态哲学 [M]. 北京:东方出版社,1991.

[77] 束定芳. 外语课堂教学新模式刍议 [J]. 外语界,2006(4):21-28.

[78] 苏波. 以情境为载体的高职英语课堂生态对话教学研究 [J]. 辽宁高职学报,2015(11):30.

[79] 孙芙蓉,谢利民. 国外课堂生态研究及启示 [J]. 比较教育研究,2006 (6):87-92.

[80] 孙芙蓉. 健康课堂生态系统研究刍论 [J]. 教育研究,2012(12):77-82.

[81] 唐芳云. 切实提升教师课程思政建设的意识和能力 [N]. 广西日报, 2020-07-16.

[82] 田秋华. 论教师的课程能力 [J]. 课程·教材·教法,2013(8):27-28.

[83] 汪霞. 一种后现代课堂观:关注课堂生态 [J]. 全球教育展望,2001 (10):51-53.

[84] 王攀峰. 走向生活世界的课堂教学 [M]. 北京:教学科学出版社,2007: 192.

[85] 王如松. 现代生态学的热点问题研究——中国科学院系统生态开放实验 1992-1995 年部分论文汇编(上册) [M]. 北京:中国科学技术出版社, 1996:6-7.

[86] 吴鼎福,诸文蔚. 教育生态学 [M]. 南京:江苏教育出版社,2000:8.

[87] 吴立岗,夏慧贤. 现代教学论基础 [M]. 南宁:广西教育出版社,2001: 141.

[88] 吴文,李森. 社会文化视野下的生态语言教学观 [J]. 山东外语教学, 2009(6):48-53.

[89] 吴文. 社会文化理论与生态语言教学观 [J]. 天津外国语大学学报,2011 (3):54-63.

[90] 吴文. 语言生态学述介 [J]. 中国外语教育,2009(3):68-71.

[91] 习近平. 把思想政治工作贯穿教育教学全过程 开创我国高等教育事业发展新局面 [N]. 人民日报,2016-12-09(1).

[92] 习近平谈治国理政编写组. 习近平谈治国理政:第 2 卷 [M]. 北京:外文出版社,2017:379.

[93] 习近平. 在会见第一届全国文明家庭代表时的讲话 [N]. 人民日报,2016-12-06(1).

[94] 习近平. 做党和人民满意的好老师——同北京师范大学师生代表座谈时的讲话 [EB/OL]. (2014-09-10)[2023-12-13]. https://www.gov.cn/xinwen/2014-09/10/content_2747765.htm.

[95] 中国社会科学院语言研究所词典编辑室. 现代汉语词典 [Z]. 第 7 版. 北京:商务印书馆,2016:577.

[96] 肖风劲,欧阳华. 生态系统健康及其评价指标和方法 [J]. 自然资源学报,2002(2):205-206.

[97] 肖建平. 大学英语"课程思政"的价值与使命 [N]. 大众日报,2022-5-12(12)[2024-01-03]. http://dzrb.dzng.com/paper/paperShare/id/784381.

[98] 肖琼,黄国文. 关于外语课程思政建设的思考 [J]. 中国外语,2020(5):9-14.

[99] 徐建华. 共建式高校课堂生态环境研究 [D]. 哈尔滨:哈尔滨师范大学,2016:165.

[100] 徐淑娟. 大学英语生态教学模式建构研究 [M]. 北京:科学出版社,2016:61-75.

[101] 杨季兵. 高校专业课教师课程思政意识与能力提升研究 [D]. 海口:海南师范大学,2022(10):40-41.

[102] 叶澜. 让课堂焕发出生命活力 [J]. 教师之友,2004(1):49.

[103] 尹湘鹏. 课堂教学的生态学研究 [D]. 湘潭:湖南科技大学,2008:16.

[104] 张丹清,陈仕清. 大学英语课程思政的生态价值研究 [J]. 北京印刷学

院学报,2021(9):136.

[105] 张继军,郝立丽. 新工科背景下大学生家国情怀培育的逻辑、问题与反思[J]. 黑龙江教育,2023(10):12.

[106] 张雷声. 新时代思想政治理论课教育的重要遵循[J]. 马克思主义理论学科研究,2019(2):59.

[107] 张立友. 卓越教师培养视域下英语师范生情感素养培育路径[J]. 焦作师范高等专科学校学报,2022(9):63.

[108] 张绍平. 论校园制度文化[J]. 四川师范学院学报:哲学社会科学版,1998(1):56.

[109] 张舒. 试析课堂生态的结构与功能[J]. 洛阳理工学院学报:社会科学版,2009(3):91-92.

[110] 郑永廷. 思想政治教育方法[M]. 北京:高等教育出版社,2019:161.

[111] 中共中央、国务院. 关于全面深化新时代教师队伍建设改革的意见[EB/OL]. (2018-01-31)[2023-12-15]. https://www. gov. cn/zhengce/2018-01/31/content_5262659. htm.

[112] 中共中央党史和文献研究院,中央学习贯彻习近平新时代中国特色社会主义思想主题教育领导小组办公室. 习近平新时代中国特色社会主义思想专题摘编[M]. 北京:党建读物出版社 中央文献出版社,2023:373.

[113] 钟启泉,李其龙. 教育科学新进展[M]. 西安:陕西人民教育出版社,1993.

[114] 周洪宇,刘居富. 迈向21世纪的中国教育科学[M]. 武汉:华中师范大学出版社,1998.

[115] 朱小蔓,王平. 情感教育视阈下的"情感—交往"型课堂:一种着眼于全局的新人文主义探索[J]. 全球教育展望,2017(1):58-65.

[116] 祖述勋,刘志峰. 关于课堂生态系统特征的思考[J]. 教学与管理,2009(24):12-13.